EL EMPUJONCITO
PARA EL AM♡R

EL EMPUJONCITO
PARA EL AMOR

Una reveladora guía de seducción para toda mujer

María Marín

AGUILAR

El empujoncito para el amor
Primera edición: septiembre de 2015

D. R. © 2015, María Marín
D. R. © 2015, derechos de la presente edición en lengua castellana:
    Penguin Random House Grupo Editorial USA, LLC.
    8950 SW 74th Court, Suite 2010
    Miami, FL 33156

Diseño de cubierta: Ramón Navarro
Formación de interiores: Fernando Ruiz

ISBN: 978-1-941999-08-0
Printed in USA

ÍNDICE

CAPÍTULO 3

EMPUJONCITOS PARA MANTENER VIVA LA LLAMA DE LA PASIÓN

"Este programa te da el empujoncito que necesitas para alcanzar el éxito". Así, con mucho ánimo, empezaba el *show* cada día en mi primer programa de radio. Desde entonces la palabra empujoncito es algo que mis oyentes asocian conmigo. Un día me puse a analizar cómo podía darles otro empujoncito adicional a mis seguidores, y así fue como en el 2013 nació mi canal de YouTube titulado *El Empujoncito de María Marín,* que transmite videos cortos de dos minutos de duración. Todos son de motivación y a la vez tienen mucho humor; hasta me atrevo a hacer personajes cómicos en ellos. El éxito de estos videos fue impresionante, a tal punto que algunos han sido vistos millones de veces. ¡Tienes que verlos! Me fascina este proyecto y me involucro en todo el proceso de creación. Cuando escribo los guiones de estos videos, siempre me quedo con deseos de profundizar más mis consejos pues 120 segundos no es tiempo suficiente para explicarlo todo. Por eso, decidí escribir este libro, en el cual puedo expandir sin límites mis empujoncitos sobre los asuntos del corazón, que son los preferidos de mi audiencia.

Todo el mundo tiene un profundo deseo de amar y ser amado, pero muchas veces el miedo, las inseguridades, la inexperiencia o la falta de información nos detienen a lanzarnos en las aguas del amor, y mi propósito es ayudarte a nadar en ellas.

Recuerdo que cuando estaba aprendiendo a nadar, a los seis años de edad, me ponían unos flotadores en los brazos para que no me fuera a ahogar, y solo me atrevía a meterme al agua si estaba acompañada de mi papá. Recuerdo la vez que, en un día soleado de verano, celebrábamos el cumpleaños de mi hermano en la piscina de mi tío.

—Tírate, dale, uno, dos y tres... —me animaba mi papá mientras me retaba a saltar sola a la piscina.

—No papi, me da miedo —le decía yo, temerosa.

—No te va a pasar nada, yo te voy a agarrar —me alentaba con los brazos abiertos.

—El agua está fría —le mentía para no saltar.

—Toca el agua con el pie y verás que está calentita. Vamos salta, no te vas a arrepentir —me insistía.

—¡Noooo! —grité a todo pulmón mientras mi hermano me empujaba por sorpresa a la piscina.

Cualquiera que estuviera viendo esta escena pensaría que al salir a la superficie yo estaría asustada y enojada. Sin embargo, salí a flote riéndome y aliviada, pues desde hacía mucho rato me moría por meterme al agua para poder jugar con mi papá y mis hermanos.

Después de ese empujón, ya no necesité ayuda para saltar al agua. Era yo quien empujaba a otros a la piscina. Hoy quiero darte ese mismo empujoncito por medio de este libro. Las siguientes páginas te ayudarán a ti y toda mujer, sea soltera, casada, divorciada, separada, emparejada ¡y hasta viuda!, a sumergirse en las profundas y maravillosas aguas del amor.

En *El empujoncito para el amor* aprenderás todo lo que te hace falta saber sobre el amor y el sexo. Te voy a revelar los lugares menos pensados donde puedes encontrar pareja, aunque antes de hallar a tu príncipe azul tendrás que besar a muchos "sapos". También nos adentraremos en aguas más calientes donde te enseñaré el secreto para volver loco a un hombre en la cama y las fantasías sexuales más atrevidas de las mujeres. En aguas más turbias aprenderás las señales más encubiertas e inusuales de un traidor y te diré si perdonar o no una infidelidad. También te llevaré a aguas más calmadas donde aprenderás los diferentes lenguajes del amor para que puedas comunicarte mejor con tu pareja. Además aprenderás una serie de Empujoncitos™ para embellecerte por dentro y por fuera. Asimismo al final de cada capítulo la reconocida astróloga y terapeuta Alicia Morandi, con su método exclusivo de unir la astrología y la sicología, te revela cómo aprovechar los atributos que te regala tu signo zodiacal y convertirte en un imán para el sexo opuesto.

Esto es solo la orilla del mar de conocimientos que navegarás en estas páginas escritas especialmente para ti. ¿Estás lista para un empujoncito?

CAPÍTULO 1

EMPUJONCITOS PARA HACERTE IRRESISTIBLE, SENSUAL Y SEGURA

Introducción

¿Crees que podrías desfilar como modelo en una pasarela en París, Nueva York o Milán? Seguramente piensas: "¿Estás loca?". Pero si te digo que si eres una mujer segura de ti misma, podrías hacerlo, ¿me creerías? Pues te cuento que el famoso diseñador de la marca Chanel, Karl Lagerfeld, quien ha vestido a las mujeres más bellas y famosas del planeta, como Sandra Bullock, Jennifer López, Sofía Vergara y Nicole Kidman, entre otras, dijo una vez en una conferencia de prensa lo siguiente: "Al seleccionar mis modelos para desfilar mis colecciones, no me fijo en la belleza física, sino que tomo en cuenta la actitud y seguridad que proyecta la modelo al caminar, pues su actitud puede embellecer un diseño o lo puede estropear".

Sin duda, la seguridad que proyecte una mujer será el accesorio que más resalte su belleza, no solo en una pasarela sino en cualquier escenario de su vida, y esto es algo que no se puede comprar, pero se puede aprender. ¡Bienvenida al capítulo, donde aprenderás a hacerte irresistible en cuerpo y alma!

Empujoncito

1

La suerte de la fea la bonita la desea

¿Recuerdas la novela *Betty la Fea*? ¡Por supuesto! Quién puede olvidar a Betty con sus gafas, frenillos y flequillo. Fue tan famosa la novela que hicieron una serie animada titulada *Betty Toones,* y hasta crearon una versión en inglés, *Ugly Betty*, la cual llevó a América Ferrara a la fama en Hollywood.

Mucho antes de que saliera esta novela, conocí un caso parecido. En mi escuela había una chica poco atractiva a quien casualmente apodaban Karen la Fea. Lamentablemente su apariencia física era motivo de burla entre todos los estudiantes de la escuela. Esta muchacha tenía el cabello negro rizado, pero realmente parecía que se había electrocutado y que ningún peine había pasado jamás por su cabeza. Padecía de acné, pero no unos simples granitos, sino unos barros infectados de pus del tamaño de un garbanzo. Además tenía frenillos en los dientes y sus labios siempre estaban secos y cuarteados. Y para completar su *look*, usaba unas gafas con un cristal que parecía el lente de una lupa. Recuerdo que la broma más ofensiva que le podían hacer a un chico en la escuela era que le dijeran que era el novio de Karen la Fea.

Karen era tan conocida por su fealdad que hasta la dibujaban en las paredes de los baños. Pero lo más impresionante de esta "nerdita", que parecía que no rompía un plato, eran sus respuestas. Siempre admiré su actitud, nunca se quedaba callada cuando la molestaban. Constantemente tenía una contestación ingeniosa y turbulenta para cada uno de los insultos que recibía.

—¡Escóndanse que ahí viene Karen la fea! —vociferaba una estudiante cuando ella salía del baño.

—Sí, métanse en un hueco, ratas inmundas, allá van a encontrar a su familia —respondía Karen despectivamente.

—Ni Frankenstein quiere ser tu novio —gritaba otra de lejos mientras se carcajeaba.

—¡No me importa!, no ando buscando novio porque no soy una cualquiera como todas las de esta escuela —gruñía con rabia y altanería.

La pobre Karen tuvo que lidiar diariamente con escenas como estas en todos sus años escolares. Cuando terminó la escuela y nos graduamos, Karen fue becada y tuvo la oportunidad de ir a estudiar a Suiza, y ya no supe más de ella. Años después asistí a la celebración del vigésimo aniversario de nuestra graduación. La mayoría de mis excompañeros ya estaban casados y con familia, y otros se habían divorciado. Algunos eran dueños de compañías, otros doctores o abogados, amas de casa, maestras, ingenieros, electricistas, peluqueros y uno que otro fracasado. Pero lo que jamás imaginé fue que encontraría nuevamente a Karen la Fea. Cuando la vi, pensé: ¿Cómo es posible que venga a compartir con todos los insensibles que tanto la hostigaron cuando era jovencita?

Y no creas que, como en la novela, llegó transformada y bella: Karen seguía siendo feíta pero no tanto como antes. Ya no tenía acné, ni frenillos, ni el pelo alborotado. Seguía usando gafas pero más estilizadas, y su forma de vestir era impecable y con mucha clase. Realmente se veía mejor, pero tampoco era para decir "¡Guau, qué cambio!". Lo que más sorprendió a todo el mundo fue su acompañante. Llegó con un hombre guapísimo, alto, fornido, rubio y de ojos azules: nada más y nada menos que un catedrático suizo a quien conoció cuando se fue a estudiar al extranjero y con quien se había casado ocho años antes. Este guapetón era ahora el padre de sus dos niñas. Cabe mencionar que el hombre se veía muy enamorado. En una ocasión acompañó a Karen hasta el baño y la esperó; luego, al llegar a la mesa, le acomodó la silla como todo un caballero.

Toda la noche estuvieron tomados de la mano, y se veía a simple vista que eran una pareja muy feliz.

¿Qué hizo Karen la Fea para conquistar a semejante partido?

Me di cuenta de que aunque su físico no había cambiado tanto, su actitud se había transformado completamente; su postura, su manera de caminar, su mirada, su forma de hablar y hasta su sonrisa eran muy diferentes a la muchachita insegura que yo había conocido. De ella brotaba una confianza en sí misma apabullante. No me cabe duda de que esa seguridad que proyectaba fue lo que conquistó al suizo.

Recuerdo que todo el mundo aseguraba que Karen jamás conseguiría novio, y mucho menos que se casaría. El pronóstico que todos tenían de su futuro era que se quedaría para vestir santos el resto de su vida. Sin embargo, ella rompió todos los pronósticos, y encontró el amor. Sin duda, la actitud de una mujer es capaz de embellecerla.

Empujoncito

2

El truco de belleza más valioso

En este Empujoncito te voy a revelar la actitud y lenguaje corporal correcto que una mujer debe emplear para hacerse irresistible ante cualquier hombre, sea suizo ¡o de cualquier nacionalidad!

¿Sabes cuál es el problema de belleza número uno de la mujer? No son las espinillas, tampoco es la celulitis, ni las estrías, ni la calvicie, ni las ojeras, ni las arrugas, ni los dientes chuecos, ni las manchas en la cara, y mucho menos el bigote. El problema número uno de la mujer es la falta de seguridad en sí misma. ¡Así como lo oyes! No hay crema, maquillaje, dieta o cirugía que pueda hacerte ver atractiva si te sientes insegura.

Muchas se enfocan en la belleza física, cuando la verdadera belleza empieza internamente.

Te voy a dar el truco de belleza más valioso. Para usarlo no tienes que hacer sacrificios ni tienes que pasar bajo el bisturí, y lo mejor de todo es que no tienes que gastar ni un centavo. ¿Estás lista? Aquí va...

El secreto está en tu actitud, lenguaje corporal y la forma de proyectarte. De ahora en adelante, esta será tu rutina de belleza diaria para que luzcas más atractiva y segura de ti misma:

✔ **Camina derecha.** Una espina dorsal derecha y los hombros hacia atrás envían un mensaje de fortaleza, mientras que una espalda encorvada denota debilidad y cobardía. Por eso los militares saludan muy derechitos.

❯ **Acércate más.** Cuando conozcas a alguien, acércate a la persona. Esto demuestra que tu energía va hacia adelante y envía un mensaje de disposición. Quizás pienses que es un poco agresivo, pero es mejor que te muestres segura, no defensiva o tímida.

✔ **Míralo a los ojos.** No tengas miedo de mirar a otra persona fijamente a los ojos. En caso de que te sientas incómoda al hacerlo, puedes fijar la vista en otro punto de la cara como la nariz, el entrecejo o la frente, y luego regresa la mirada a los ojos. Al hacerlo, demuestras que no tienes miedo y que se puede confiar en ti.

❯ **Da un buen saludo.** Hay mujeres tímidas que cometen el error de dar la mano sin fuerza, como si fuera un *fetuccini* hervido. Un apretón de manos firme envía el mensaje de que eres valiente y amistosa. Esto no significa que vas a exprimirle la mano a la otra persona, pero procura presionársela con firmeza. Si lo haces mirando a los ojos, puedes causar una impresión maravillosa.

✓ **Muestra una amplia sonrisa.** Este es el paso más importante para demostrar seguridad en ti misma. Las personas seguras siempre están sonriendo. Además, hay estudios que comprueban que quienes sonríen son más saludables, viven más tiempo y atraen a más personas. Yo siempre digo: una mujer que no tiene pretendiente es porque no se ríe lo suficiente.

Pon en práctica estos pasos y verás que los resultados son mucho más efectivos que cualquier tratamiento estético. Como dice una de las canciones de la inigualable Celia Cruz: "Anda derechita, no camina de lao, diosa de la noche, dulce como el melao. Otra como ella yo nunca me he encontrao". Estoy de acuerdo en que el verdadero secreto de belleza de una mujer se encuentra en su actitud y su tumbao... ¡Azúcar!

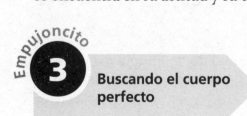

Empujoncito

3

Buscando el cuerpo perfecto

Hace unos años vi un programa de televisión sobre la anorexia en compañía de mi abuelita Mercedes. Entrevistaron a una jovencita que tenía una imagen distorsionada de sí misma. Esta chica, y no exagero ni un poquito, estaba tan flaca como un esqueleto y su cara tenía el semblante de un cadáver, pero aun así rehusaba comer porque temía engordar. Recuerdo que mi abuela me dijo: "¡Estos problemas no existían en mis tiempos; la primera vez que escuché la palabra anorexia fue después de vieja!".

Y es que en los tiempos en que crecieron nuestros padres y abuelos, no existía la obsesión de tener cuerpos perfectos como hoy en día. Tampoco había la epidemia de desórdenes alimenticios que existen actualmente. Para muchas mujeres hay una relación directa entre el número que marca la báscula y su autoestima, es decir, si el peso sube, baja la autoestima y si el peso baja, sube la autoesmima. Entonces la pregunta es: ¿Cuándo comenzamos a odiar nuestros cuerpos y a medir nuestra autoestima, según el número que aparece en la balanza?

La respuesta es sencilla: desde que la televisión, el cine y las revistas comenzaron a bombardearnos con imágenes femeninas que no son reales. Y me atrevo a decir que no son reales porque los estudios muestran que únicamente 0.03 por ciento de las mujeres poseen ese tipo de figura espectacular y perfecto, de esos que ves en la revista *Vogue* o en los *billboards* de Times Square en Nueva York. Esto significa que el restante 99.97 por ciento de las mujeres no podemos parecernos a estas modelos. Sin embargo, diariamente batallamos para conseguirlo.

Quiero que sepas que todas las fotografías publicadas en las revistas han sido retocadas, *¡todas usan Photoshop!* A las modelos les aplican el color perfecto para que se vean bronceadas, les borran cualquier imperfección para que tengan la piel perfecta, les alargan las piernas para que se vean más estilizadas, les reducen el estómago y achican la cintura para lucir más delgadas, y mil trucos más que hay para transformar a cualquier mujer en una diosa. Pero lo cierto es que en la vida real ninguna de ellas se ve así.

La famosa exmodelo de Victoria's Secret, Tyra Banks, admitió en una conferencia de prensa: "No soy perfecta, ¡tengo celulitis! Todas mis fotografías son retocadas para cubrir mis imperfecciones". Todo el mundo quedó boquiabierto ante tal muestra de sinceridad. La modelo dijo que hizo esta declaración con el propósito de abrirles los ojos a todas esas mujeres que se mueren por tener cuerpos como los de las modelos.

Los medios han sabido cómo jugar con nuestras inseguridades, mostrándonos anuncios que nos hacen sentir inferiores y nos obligan a consumir productos que pensamos que nos harán un milagrito. ¿Acaso no te ha sucedido que te dan deseos de salir corriendo a comprar el producto del comercial que acabas de ver en la televisión? Por ejemplo, sale una chica con un cabello largo, ondulado y sedoso, moviendo la cabeza de un lado a otro en cámara lenta, y tú piensas: "Guau, mi pelo está reseco y maltratado, daría lo que fuera por tener una cabellera como esa." Es en momentos de inseguridad como ese cuando caes en las redes de los anunciantes. Esos mensajes te hacen sentir insegura y te predisponen para comprar ya sea un champú, una crema para las arrugas, maquillaje o una máquina de ejercicios que debes obtener con el fin de verte como las modelos de los anuncios.

Este conflicto ha convertido a muchas mujeres en enemigas de sus cuerpos, que en realidad las ponen en movimiento, las sostienen y les permiten vivir. Tu cuerpo es tu vivienda por el resto de tu vida, por eso, es hora de hacer la paz en tu hogar.

¿Cómo puedes parar esta obsesión por querer tener el cuerpo perfecto? Tienes que comenzar por aceptarte. No importa tu peso o las dimensiones de tu cuerpo, tienes que quererte tal como eres. Esto no significa que ya no te va a importar mejorar tu apariencia, ¡no!, lo que quiero decir es que te aceptes con tus defectos e imperfecciones y que no te tortures tratando de ser perfecta.

En vez de desperdiciar tu energía mortificándote por no tener el estómago plano y una cinturita de avispa, haz los siguientes ejercicios para elevar tu autoestima:

1. Desde hoy comienza a decir: "¡Acepto mi imagen!", "¡Me gusta mi apariencia!". Al principio, es posible que te sientas incómoda y no lo creas, pero tu subconsciente no sabe la diferencia entre lo real y lo imaginario, así que mientras más lo repitas, más te convencerás.

2. Mírate desnuda frente al espejo y fíjate en tus aspectos positivos. En vez de mirar lo negativo: "¡Odio mi celulitis!", "¡Qué panza tan grande!", "¡Mi senos están caídos!", mejor crea conciencia de tus aspectos positivos: "Tengo bonitos ojos", "Mi piel es sedosa", "Tengo una bonita cabellera". Por cada punto negativo que encuentres, oblígate a hallar un punto positivo.

3. Cuando veas un anuncio que te haga sentir insegura, en vez de decir "me siento mal conmigo", pregúntate: "¿Qué están tratando de venderme?". Establece tus propios estándares y no permitas que un anuncio lo haga. Apaga la televisión o cierra la revista y recuerda que estas imágenes son ficticias.

En vez de buscar el cuerpo perfecto, intenta lograr un cuerpo saludable. Como siempre dice mi abuela: "No hay que hacer dieta para tener un peso saludable, ¡solo hay que comer cuando tienes hambre y parar cuando estés satisfecho!", ¡así de simple! De ahora en adelante, que tu cuerpo no sea tu enemigo, sino tu mejor amigo.

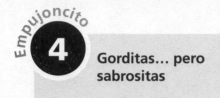

Empujoncito 4

Gorditas... pero sabrositas

¿Es difícil para una gordita encontrar el amor? Generalmente, a una mujer que tiene unas libritas de más se le hará más dificultoso encontrar pareja que a una con cuerpo de guitarra. Sin embargo, lo que hará su búsqueda amorosa más complicada no es el sobrepeso, sino las inseguridades que acompañan a muchas mujeres gorditas.

Es cierto que los hombres se enamoran por los ojos y para ellos es sumamente importante que su mujer sea atractiva. No obstante, ser delgada no es el atractivo principal para los caballeros, ni ser gorda es el repelente más grande. Esto lo descubrí hace un tiempo atrás mientras escribía el libro *Si soy tan buena, ¿por qué estoy soltera?* Entrevisté a 52 hombres entre las edades de 24 y 56 años, a quienes les hice la siguiente pregunta: ¿Qué es para ti una mujer fea? Yo esperaba oír algunas de estas respuestas: una chica gorda, una mujer plana, una narizona o una con los dientes chuecos. Sin embargo, para mi sorpresa, la mayoría aseguró que básicamente hay dos cosas que les desencantan de las mujeres: La primera es una chica que sea pedante y pretenciosa. En otras palabras, los hombres aborrecen a aquellas que se creen mejor que nadie y piensan que ningún chico es lo suficientemente bueno para ellas. Y lo segundo que detestan es que una mujer ande desarreglada y se vea descuidada. Ya lo dije anteriormente, que los hombres son muy visuales y que el mejor alimento para su vista es aquello que les recuerde la feminidad de una mujer. La buena noticia es que todas las mujeres pueden verse lindas. Si pones de tu parte y te esmeras en arreglarte, puedes lucir superatractiva. Bien lo dice el refrán: "No hay mujeres feas, sino mal arregladas".

Esto quiere decir que si no eres pedante y andas arregladita, aunque tengas unas libras de más, si estás sin pareja no puedes achacar la falta de pretendientes a tu sobrepeso. Existen millones de gorditas que están felizmente acompañadas, y seguramente tú conoces a varias de ellas. De la misma manera, existen millones de mujeres delgadas que se quejan de no tener suerte en el amor.

Los contratiempos que tiene una rellenita para encontrar el amor son los mismos que puede encontrar una flaca. Te aseguro que una mujer con sobrepeso bien arreglada, dulce, sonriente y segura de sí misma es mucho más atractiva ante los ojos de cualquier hombre que una "Barbie" con una actitud soberbia o una flaca despeinada y mal vestida.

Si estás gordita y no has tenido suerte en las relaciones amorosas, evalúate y busca la verdadera razón de por qué no atraes el amor. Te aseguro que se debe a una de estas tres razones: número uno, no te valoras y no te sientes lo suficientemente atractiva, y esa inseguridad es el mata-pasión más grande que existe. O número dos, tal vez piensas: "Soy gorda, ¿para qué arreglarme? Aunque me maquille y me peine, sigo siendo una ballena". O número tres, exiges demasiado, solo quieres conquistar a un hombre guapísimo, delgado y musculoso, y se te olvida que ese tipo de hombre siempre busca una mujer con cuerpo atlético y que parezca una modelo.

Recuerda: la inseguridad es el peor sobrepeso que puede cargar una mujer. Lo que determinará tu suerte en el amor no es tu cuerpo sino ¡tu actitud y cuánto cuides de ti misma!

Empujoncito 5

¿Ser sensual o ser bonita?

La sensualidad se considera una de las cualidades que definen a una mujer atractiva. Fíjate que dije *atractiva*, no *bonita*, pues ser sensual no tiene que ver con ser bella y parecer una modelo. De hecho, hay mujeres que son hermosas, pero de sensuales ¡no tienen nada!

Una mujer sensual no necesariamente tiene un cuerpo espectacular. Ser provocadora para un hombre va mucho más allá de la belleza física y tiene que ver más con tu personalidad y actitud.

Cualquier mujer es capaz de atraer a un hombre por varias razones: deseo sexual, excitación, interés, curiosidad, etcétera. ¿Cómo lo hace? Por medio de su sensualidad, la cual proviene de su magnetismo personal. Es importante aclarar que para que una mujer sea sensual necesita estar en armonía con su interior y sentirse bien consigo misma.

La sensualidad de una mujer se puede reflejar en pequeñas cosas: una sonrisa simpática, un gesto desenfadado, una mirada pícara. O elementos que despiertan el deseo y los instintos de un hombre: seguridad en sí misma, personalidad atractiva y sentido del humor, los cuales son claves en la sensualidad.

¡Y lo más importante!, una mujer sensual debe tener la habilidad de despertar el interés del sexo opuesto a través de los sentidos: la vista, el olfato, el gusto, el tacto y el oído. Aquella que aprende a activar los cinco sentidos de un hombre tendrá el arma perfecta para despertar pasiones y tener éxito en el amor.

Es fácil despertar el sistema sensorial de ellos. Incluso puedes activar todos los sentidos al mismo tiempo. ¿Cómo? Entrégale una mirada sugestiva, dile unas palabras dulces al oído, hazle una caricia sutil, ponte una fragancia exquisita y déjale probar uno de tus platillos especiales. Le darás un gran placer en cada uno de sus cinco sentidos y esto, sin duda, provocará más pasión que una cara bonita.

Cómo alimentar la vista de un hombre

Los hombres son muy visuales y el mejor alimento para su vista es aquello que les recuerde la feminidad de una mujer. Veamos ahora cómo puedes activar el sentido de la vista en ellos para convertirte en una mujer totalmente sensual. He aquí cinco detalles que, sin duda, activarán el sentido de la vista en ellos.

1 Vístete de rojo. Una mujer vestida de rojo se roba la atención de cualquiera. Un estudio realizado con hombres en la Universidad de Rochester comprobó que las mujeres vestidas de rojo son más atractivas y deseadas por ellos. Y lo mejor de todo es que el rojo le queda bien a cualquier color de piel. ¡Úsalo!

2 Insinúa con un escote. No me refiero a que muestres todos tus atributos o que lleves un escote como los que usa Ninel Conde, sino a que busques prendas que dejen ver el nacimiento de tu busto sin mostrarlo todo. La idea es crear un balance, el secreto está en insinuar sin llegar a lo vulgar. También puedes usar blusas o vestidos que destapen los hombros, pues esta es un área muy sensual y provocativa. Insinúale para crear el deseo y la curiosidad de querer conocer más de ti y de tu cuerpo.

3 Ponte tacones. Aunque estén muy de moda las sandalias planas, las zapatillas de bailarina y hasta las chancletas, la realidad es que no hay nada más *sexy* que una mujer en tacones. Está comprobado que caminar con tacos altos hace que tus piernas se vean más largas, más tonificadas, además, levanta tus pompis y realza tu busto.

4   **Sedúcelo con tu pelo**. El cabello es un arma de seducción, atrévete a jugar con él. Con tan solo colocarlo de un lado, dejas al descubierto el cuello, que es una de las partes más sensuales de la mujer. Asegúrate de usar champú y acondicionador de pelo que tengan un olor placentero. Y recuerda, si tienes el cabello sucio, hazte una colita o llévalo recogido; que no se te ocurra dejártelo suelto porque, además de verte desarreglada, puedes voltear la cabeza y despedir mal olor sin darte cuenta.

5   **La magia de tu mirada**. A través de una mirada profunda puedes expresar muchas emociones y también puedes producirlas. Una de las cosas que más les atrae a los hombres es una mirada invitadora, y el mejor truco para resaltar la expresión de los ojos son las pestañas postizas. Un par de pestañas postizas abre tus ojos e ilumina tu mirada. Tal vez pienses que solo las artistas las usan, pues son difíciles de poner, pero solo es cuestión de practicar un par de veces y verás cómo te conviertes en una experta. Cuando estés en una cita, juega con tus pestañas y mantén la mirada fija en él. No creas que el pensará: "Qué mujer tan coqueta". Más bien le pasará por la mente: "Qué mujer tan bonita y segura de sí misma". Si eres tímida, practica frente a un espejo e imagina que estás mostrando ternura, pasión o deseo. Así, cuando estés en una cita, te sentirás más cómoda y relajada, y los nervios no afectarán la magia de tu mirada. Sigue estos pasos y te garantizo que llevarás la sensualidad a flor de piel.

Empujoncito 7

Enamóralo por los oídos

Es fácil despertar el sentido del oído en un hombre. Un chiflido, una alarma, un grito o un campanazo, sin duda, lo pondrán en alerta rápidamente, pero ninguno de estos sonidos despertará su deseo sexual. Por otro lado, hay muchos sonidos tenues que son extremadamente eróticos: los gemidos, jadeos e incluso el sonido que causa un beso puede ser suficiente para excitar a cualquiera. Pero si acabas de conocer a un hombre, es obvio que no vas emitir esos sonido eróticos que acabo de mencionar. Te imaginas que estés en una disco y de repente un chico alto, elegante y perfumado se te acerque y mirándote a los ojos, te pregunte: "¿Cómo se llama la mujer más bella de este club?". Y tú, sorprendida, le respondieras con unos gemidos sexis mientras mueves las caderas: "Ay, ay ay... ayyyyyy, mmmm, uff uff uff... ahhhhhhhh, me llamo fulanita... sííííííí o síííííííí". Te aseguro que estimularías mucho más que sus oídos, pero este hombre jamás pensaría en tener una relación seria contigo. Hay maneras más sutiles de estimular su sentido del oído. Tu manera de hablar es una de ellas. Procura usar un tono dulce y amable. Habla despacio y vocalizando. Quienes hablan muy rápido provocan tensión en otros. Un buen método para modular tu voz y conseguir que sea más sensual es ensayando con una grabadora. Por ejemplo, graba un texto romántico o un poema de amor y escúchalo varias veces: verás cómo reconoces dónde puedes mejorar, suavizar o cambiar tu voz.

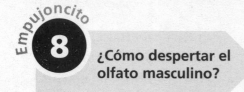

Otro de los sentidos de un hombre que es muy importante despertar es su olfato. El olor de una mujer puede ser un afrodisíaco para un hombre y despertar sus instintos. Así como el olor de un buen cocido le despierta a cualquier hombre el deseo de saborear un platillo, de la misma manera, el aroma de una mujer despierta el deseo de un hombre de "saborearla". Claro está, tiene que ser la fragancia correcta. Así como escoges un vestido, tienes que escoger tu perfume. Un traje puede ser carísimo y del mejor diseñador, pero eso no significa que le va a quedar bien a todas las mujeres. Lo mismo sucede con los perfumes: hay fragancias que pueden ser famosas y reconocidas pero no le sientan bien a todo el mundo. Por eso es importante escoger un perfume que vaya con tu esencia natural y tu personalidad.

Claro que encontrar el perfume correcto para ti puede parecer una tarea complicadísima, ya que hay miles de marcas y fragancias en el mercado. Sería más fácil seguir usando el Chanel No. 5, el Opium o el Joy, que son de las más clásicas y conocidas en el mundo. Sin embargo, no hay nada más placentero que encontrar ese perfume único que al entrar a un lugar alguien se te acerque y te diga: "Qué bien hueles, ¿qué perfume usas?". De hecho, una de las claves que te indica que encontraste la fragancia perfecta es cuando más de una persona ha adulado tu aroma.

La elección de tu perfume es muy importante ya que la gente te recordará por ello. Pero ¿cómo encontrar el ideal para ti?

Las fragancias se clasifican según las notas y familias olfativas. Existen cuatro principales familias y generalmente tendemos a inclinarnos hacia una familia específica según nuestro gusto personal:

✓ **Frescas.** Las fragancias en esta categoría a menudo incluyen notas "verdes", como la hierba recién cortada, el olor de la primavera en el aire, cítricos y ligeras notas ambientales. Si te gustan las actividades al aire libre, una fragancia con notas frescas podría ser ideal para ti.

✓ **Floral.** Probablemente la más popular de todas las categorías de fragancias son los aromas florales, que abarcan una amplia gama de flores. Estos aromas pueden incluir notas de jazmín, clavel, gardenia, azahar, rosa, lirio del valle, nardo y muchas más. Los aromas florales pueden ser dulces o con inclinación a talco, dependiendo de sus combinaciones. Si te gusta el olor de una flor en particular, prueba fragancias que incluyan notas de la misma.

✓ **Oriental.** Al igual que su nombre indica, el grupo de fragancias orientales se compone de notas que son fuertes, cargadas y exóticas. Notas como el ámbar y la vainilla a menudo está presentes en el grupo oriental. Estos aromas son ideales para la noche o en ocasiones románticas.

✓ **Madera.** Este grupo reúne los olores de la madera aromática: notas de bosque, sándalo, cedro, roble y pino. El pachulí también es parte de este grupo. La mayoría de las fragancias masculinas caen en esta categoría, dada la riqueza de aromas leñosos.

Ve a una tienda por departamentos y en la sección de perfumes asesórate con una vendedora. Dile cuál es tu nota favorita en las familias de perfumes y pídele que te dé varias muestras que pertenezcan a esa familia. No es bueno elegir una fragancia al momento que te la aplicas pues el olor puede cambiar después de media hora de ponértelo. Por eso lo mejor es probarlo y dejar que haya pasado un buen tiempo para ver cómo reacciona con tu cuerpo.

Una vez hayas elegido una fragancia, ponte una gotita detrás de cada oreja, en el escote y otra en cada parte inferior de las muñecas. Si es colonia, échala al aire alrededor tuyo, para que tu ropa y tu cabello se impregnen del olor sutilmente. Por último, un paso muy importante para complementar tu perfume es que también te eches unas gotitas de confianza y seguridad en ti misma... ¡Te aseguro que olerás a éxito!

Empujoncito
9
Cómo endulzarle el paladar

No hay mejor manera de despertar el sentido del gusto de un hombre que con un buen plato de comida. Hay mujeres que han sido capaces de conquistar a un hombre con sus habilidades culinarias. Bien lo dice el refrán: "El amor entra por la cocina".

Esto no quiere decir que tienes que ser una chef experta en alta cocina, ni tampoco tienes que pasar horas cocinando. La clave está en que él saboree y disfrute la comida cuando está contigo, especialmente en una velada romántica. Te aconsejo que por lo menos tengas un plato exquisito y especial, de esos que sabes preparar a la perfección, y que cuando lo hagas, tu hombre al probarlo se chupe los dedos y se ponga feliz. Porque bien dice otro refrán: "Barriga llena, corazón contento".

Si no quieres cocinar, sugiere un restaurante donde su paladar se va a deleitar. También te recuerdo que de la misma manera que a una mujer le encanta que le regalen chocolates, a un hombre también le fascina que lo sorprendan con un antojo dulce. Te cuento que cuando mi novio está estresado, agotado o molesto, corro a la tiendita de víveres que hay al lado de mi casa y le compro un sándwich de helado de vainilla con galleta de chocolate, de esos que tienen el oso polar en la envoltura. Cuando me ve entrar por la puerta con su antojo favorito, su semblante cambia automáticamente, luego que da el primer mordisco, su mal humor desaparece como por arte de magia, y cuando finalmente se termina su golosina, las primeras palabras que salen de su boca son: "Bebita, ¿a qué hora nos vamos a la camita?". En ese momento me aseguro de algo muy importante: ¡tener buen aliento!, ya que parte de estimular el gusto de un hombre está en los besos. Por eso, siempre presta atención a tu higiene bucal: una boca mal cuidada, o el mal aliento, arruina lo que los demás sentidos hayan logrado.

Empujoncito 10

Hay que frotar para conquistar

En el sistema sensorial de un ser humano, el tacto juega un papel indispensable a la hora de enamorar. El tacto es tan sensible que tiene ojos. ¿No me crees? Haz esta prueba: Cierra los ojos y toca, palpa o acaricia algo, bien sea una pared, la alfombra, un mueble de madera o un objeto de metal, y te darás cuenta que con tan solo tocarlo en tu mente se forma una imagen de lo que palpas. A través de una caricia, tu pareja puede visualizar una escena erótica contigo, aun con los ojos cerrados. La suavidad de tu tez será clave para su imaginación a la hora del tacto físico. Por lo que es importante que tu piel no esté reseca, escamosa, grasosa o sudada; más bien trata de que se sienta suave y humectada. El mejor truco casero para una piel suave y tersa me lo dio mi mamá, quien a sus 68 años tiene una piel envidiable.

Primero exfóliate la piel con una mezcla de azúcar, jugo de limón natural y aceite de oliva extra virgen. Mezcla los tres ingredientes hasta convertirlos en una pasta. Las cantidades no importan, solo preocúpate de que no quede muy líquida. Cuando estés en la ducha, humedece tu piel y luego te frotas la mezcla por todo el cuerpo. Después enjuágate con agua tibia y jabón. Luego de secarte, aplícate una buena crema humectante por todo el cuerpo. Verás como tu pareja no dejará de acariciarte y seguramente te dirá: "Bebita, ¿a que hora nos vamos para la camita?".

Qué te vuelve irresistible...
según tu signo zodiacal

Por Alicia Morandi

En este capítulo María Marín te dio valiosísimos consejos para que te vuelvas irresistible por dentro y por fuera. Estos consejos son especialmente útiles para cuando te sientas insegura de ti misma y no creas que eres lo suficientemente atractiva, inteligente o interesante. Deja entonces que la astrología también te ofrezca una manita en esta transformación personal. Conoce y aprovecha los atributos que te regala tu signo zodiacal, y así te sentirás mejor contigo misma, y en consecuencia te convertirás en un imán para el sexo opuesto.

 ARIES *(21 de marzo al 20 de abril)*

Estos tres atributos destacan en tu signo. ¡Úsalos a tu favor!

1. Tu naturalidad, es decir, eres tal cual te presentas; eres lo que uno ve; no necesitas artificios, y esto resulta extremadamente atractivo. No todos tienen la valentía de hacerlo.

2. La seguridad que proyectas en ti misma atrae y hace que tu "presa" caiga a tus pies sin oponer resistencia. Recuerda que las personas seguras suelen ser un imán para los demás.

3. Tu compromiso con lo que haces provoca en el otro la sensación de que lo apoyas y proteges. Muchos te buscan para que les resuelvas los problemas o les ayudes a lograr éxitos. Y esto es una cualidad tuya que te favorece al momento de la conquista.

En general, Aries, ejerces una fuerte atracción en los signos de Leo, Sagitario, Géminis y Acuario.

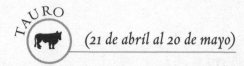

(21 de abril al 20 de mayo)

Estos tres atributos destacan en tu signo. ¡Úsalos a tu favor!

1. Sabes escuchar y por eso inspiras confianza en el otro, y te "confiesa" todo desde la primera cita.

2. La combinación de sensualidad y coquetería adornan tu mente práctica y tesonera y esto resulta irresistible. En general te proyectas como una persona exitosa, y esto también te otorga puntos a favor.

3. Tu optimismo contagioso es tu mejor accesorio porque, como sabes, a las personas les atrae más alguien que espera lo mejor de la vida, que alguien negativo que siempre está pensando que alguna tragedia va a suceder.

En general, Tauro, ejerces una fuerte atracción en los signos de Virgo, Capricornio, Escorpio y Piscis.

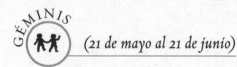

(21 de mayo al 21 de junio)

Estos tres atributos destacan en tu signo. ¡Úsalos a tu favor!

1. Tu facilidad de palabra hace que no necesites esforzarte mucho para romper corazones. Tienes tema para rato, de lo que sea, y siempre con ese toque de humor que te caracteriza.

2. Tu alegría contagiosa, que se manifiesta con una *sonrisa* aniñada que encanta a los demás. Esto invita a que muchos busquen tu compañía.

3. Ese aire de "difícil" que genera interés para conquistarte es otro de tus atributos porque te hace especial, alguien que *no* todos pueden tener. Y es sabido que a muchos les encanta aquel que significa un reto para conquistar, que significa un esfuerzo. Si es demasiado "fácil", se pierde el interés.

En general, Géminis, ejerces una fuerte atracción en los signos de Libra, Acuario, Leo, Sagitario y Aries.

 CÁNCER *(22 de junio al 22 de julio)*

Estos tres atributos destacan en tu signo. ¡Úsalos a tu favor!

1. Tu calidez, que es como que arropara, cobijara al otro, resulta muy atractiva al sexo opuesto. Especialmente a aquellos que les gusta que la pareja los consienta mucho. Eso sí, Cáncer, cuidado con sobreproteger porque hacer el papel de "mamá" a veces no te da ningún beneficio.
2. Esa tendencia a no escatimar en mimos, besos y caricias a muchos les encanta, y por eso te buscan.
3. Tu talento para unir a las personas, en vez de separarlas, es algo que muchos buscan en ti al momento de establecer una pareja.

En general, Cáncer, ejerces una fuerte atracción en los signos de Escorpio, Piscis, Capricornio y Virgo.

 LEO *(23 de julio al 22 de agosto)*

Estos tres atributos destacan en tu signo. ¡Úsalos a tu favor!

1. Tu franqueza… esa manera de decir las cosas directamente, sin rodeos, pero con inteligente sentido del humor.
2. Tu pasión por la vida y por el amor que se enciende con facilidad y es difícil de apagar.
3. Tu generosidad que te hace ser estupenda al momento de regalar cosas o tiempo.

En general, Leo, ejerces una fuerte atracción en los signos de Sagitario, Aries, Libra y Acuario.

VIRGO

(23 de agosto al 22 de septiembre)

Estos tres atributos destacan en tu signo. ¡Úsalos a tu favor!

1. Eres muy detallista, por eso, cuando planeas una fiesta o una salida, cuidas que todo resulte a la perfección, y obviamente esto es como imán para atraer la atención de los demás.

2. Otro de tus atributos es que sabes de todo un poco, por lo que nunca te falta tema para una sabrosa conversación que no deja que el otro se aburra.

3. Eres fiel por naturaleza, y esto hace que el otro se sienta confiado a tu lado, y por eso busque y respete tu compañía.

En general, Virgo, ejerces una fuerte atracción en los signos de Tauro, Capricornio, Piscis y Cáncer.

LIBRA

(23 de septiembre al 22 de octubre)

Estos tres atributos destacan en tu signo. ¡Úsalos a tu favor!

1. Tu personalidad llena de contradicciones y sorpresas resulta muy atractiva, ya que dejas en el otro la sensación de que nunca termina de conocerte. Eres un enigma por descifrar.

2. Eres honesta, y esto hace que el otro sienta que no va a ser engañado ni estafado.

3. La sensualidad que te regala Venus, el planeta que te rige, hace que tu sonrisa sea inolvidable, y como si esto fuera poco, por lo regular tienes un físico muy armonioso.

En general, Libra, ejerces una fuerte atracción en los signos de Géminis, Acuario, Leo, Aries y Sagitario.

ESCORPIO *(23 de octubre al 22 de noviembre)*

Estos tres atributos destacan en tu signo. ¡Úsalos a tu favor!

1. Esa aureola de misterio que te rodea puede ser irresistible para el sexo opuesto.
2. Tu honestidad y pasión cuando hablas y actúas resultan avasallantes.
3. Tu intuición para darle al otro lo que necesita en la intimidad te convierte en una amante inolvidable.

En general, Escorpio, ejerces una fuerte atracción en los signos de Piscis, Cáncer, Tauro y Capricornio.

SAGITARIO *(23 de noviembre al 21 de diciembre)*

Estos tres atributos destacan en tu signo. ¡Úsalos a tu favor!

1. Amas la libertad y por eso "te haces de rogar", no te entregas tan fácilmente. De este modo representas un desafío que a muchos les gusta enfrentar.
2. Tu energía abrumadora es contagiosa porque siempre das la sensación de que puedes hacer muchas cosas al mismo tiempo y sin cansarte.
3. Eres romántica a más no poder, sin dejar de ser apasionada.

En general, Sagitario, ejerces una fuerte atracción en los signos de Leo, Aries, Libra y Acuario.

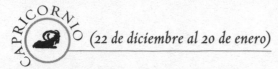 *(22 de diciembre al 20 de enero)*

Estos tres atributos destacan en tu signo. ¡Úsalos a tu favor!

1. Tú sueles dar una apariencia un tanto distante, hasta, podría decirse, "fría". Sin embargo, a medida que te das a conocer más, vas revelando lo apasionada que eres, y este cambio inesperado suele atraer mucho.

2. Tu forma sincera y respetuosa en que tratas a la persona de tu interés puede derretir a muchos, y esto constituye otro de tus atributos.

3. Otra característica de tu personalidad es tu capacidad para no perder el control incluso en situaciones difíciles, lo que hace que muchos se sientan "en buenas manos" a tu lado.

En general, Capricornio, ejerces una fuerte atracción en los signos de Tauro, Piscis, Escorpio y Cáncer.

 (21 de enero al 19 de febrero)

Estos tres atributos destacan en tu signo. ¡Úsalos a tu favor!

1. Tu originalidad te hace diferente a la mayoría de la gente, y sutilmente dejas la sensación de que estar contigo es un privilegio. Esta originalidad te hace muy creativa al momento de la conquista amorosa.

2. Tu capacidad para sorprender a los demás con tus propuestas y contestaciones es otra de tus cualidades. Contigo es difícil aburrirse.

3. Tu inteligencia aguda y tu poder de análisis resultan fascinantes y provocativos. Especialmente si tu conquista es una persona más bien intelectual, que le gustan las discusiones profundas.

En general, Acuario, ejerces una fuerte atracción en los signos de Géminis, Libra, Aries y Sagitario.

 PISCIS *(20 de febrero al 20 de marzo)*

Estos tres atributos destacan en tu signo. ¡Úsalos a tu favor!

1. Esa facilidad que tienes para demostrar cariño y ternura te hacen irresistible, porque a quién no le gusta que lo mimen y consientan.

2. Tu capacidad para escuchar y despertar en el otro el sentimiento de tener que protegerte puede llegar a atraer a muchos también, especialmente a aquellos con una personalidad dominante.

3. Esa imaginación contagiosa que tienes, que invita a vivir aventuras imaginarias contigo, puede también resultar muy atrayente, sobre todo si tu conquista es una persona que detesta la rutina.

En general, Piscis, ejerces una fuerte atracción en los signos de Cáncer, Escorpio, Virgo y Capricornio.

CAPÍTULO 2

EMPUJONCITOS PARA ENCONTRAR EL AMOR IDEAL

Introducción

Dicen que el amor es como la suerte, "loca y a cualquiera le toca". Son muchas las que quisieran este golpe de suerte en su vida. Y es que hasta que alguien no encuentre a su media naranja, sentirá un gran vacío porque en el corazón de todo ser humano hay un rinconcito muy especial que solamente una pareja puede llenar.

Si tu sueño es tener a tu lado alguien con quien compartir, reír y acurrucarte, no es suficiente esperar por un golpe de suerte, tampoco esperar que venga un pretendiente a tocar la puerta de tu casa, y mucho menos creerte que alguien va a pedirte matrimonio porque le encantaron tus fotos de perfil en Facebook.

¿No tienes pareja y andas buscando a tu media naranja? Entonces te pregunto: ¿Qué estás haciendo para encontrar el amor? Porque, te advierto, como tú hay millones, y Cupido está muy ocupado flechando a muchos ¡y no da abasto! Así que el trabajo de Cupido lo vas a tener que hacer tú. Aquí te daré las herramientas, o mejor dicho, te daré el arco y la flecha para que apuntes, dispares y fleches al hombre ideal.

En este capítulo haremos una radiografía de tus relaciones pasadas para diagnosticar los problemas que has tenido en el pasado. Una vez que reconozcas tus errores haremos una limpieza sentimental para que tu corazón esté listo y saludable para abrirlo a la persona indicada. Los próximos empujoncitos te darán las respuestas a las preguntas que muchas solteras se han hecho. ¿Por qué no tengo suerte en el amor? ¿Por qué siempre escojo la pareja equivocada? ¿Por qué otras mujeres encuentran a un buen hombre y yo no? ¿Será que ya no quedan buenos partidos? ¿Por qué alejo a los hombres? ¿Por qué ninguno quiere algo serio conmigo? ¿Qué estoy haciendo mal? ¿Me quedaré solterona?

También en este capítulo la astrología se une en este esfuerzo de ayudarte a encontrar el amor de tu vida. Te deleitarás con el acertado horóscopo de Alicia Morandi, quien te dirá cómo conquistar a un hombre según su signo zodiacal.

Después de leer este capítulo, te darás cuenta de que quien conquista a su príncipe azul no es la que recibe un golpe de suerte, ¡sino la que crea su propia suerte!

Empujoncito 11

¿Por qué acabo con el hombre equivocado?

"No sé qué me pasa pero siempre termino con un bueno para nada". Esta es una queja común de las mujeres que aún no han encontrado un buen amor, a pesar de lo mucho que han intentado. Como no aparece nada y piensan que la escasez de hombres es grande, se desesperan y se meten con el primero que aparezca, ya sea un casado, un mujeriego, un vividor, un vicioso o ¡hasta un criminal!

¿Cómo es posible que una mujer buena, trabajadora, atractiva, divertida, dulce, inteligente, tremenda amante y hasta buena cocinera acabe con un bueno para nada? En este empujoncito te revelo tres razones que explican por qué una mujer se mete con un hombre que no le conviene.

1 **"Me voy a quedar sola".** Conoces a un muchacho que desde el principio te envía señales de que no será un buen compañero. Por ejemplo, no cumple con su palabra, llega tarde, te deja plantada, bebe en exceso, te miente o siempre tiene una excusa para sus "embarradas", y tú lo justificas porque piensas: "Este hombre es un desastre, pero si lo dejo tal vez después no aparece uno mejor". Así que te dejas llevar por el famoso dicho: "Más vale malo conocido que bueno por conocer". Pues yo te respondo con otro dicho: "Más vale estar sola que mal acompañada". Jamás aceptes en tu vida a alguien que no te merece o no te da lo que necesitas porque crees que te vas a quedar sola. No hay soledad más grande que estar con la persona equivocada.

2 **"Se me está pasando el tren".** Para una mujer que desea ser madre y tener familia, no hay temor más grande que envejecer. Cada día que pasa sin la esperanza de tener familia es una tortura para ella. Como el cuento de la mujer que va un día al ginecólogo:

—Señorita, ¿usted piensa tener hijos? —pregunta la doctora mientras mira el expediente.

—Claro, mi sueño más grande es ser mamá —dice la paciente emocionada.

—Pues es mejor que se apure ¡porque solo le quedan dos óvulos! —asegura la doctora con sarcasmo mientras revisa la radiografía.

—¿¡¡Qué, qué!!? Se me está pasando el tren, ya tengo 35 años y no se me pegan ni las moscas. Me voy a quedar para vestir santos, y mi reloj biológico está haciendo tictac, tictac, tictac... —la mujer llora desesperadamente mientras busca en su celular el número de su exnovio, quien le puso los cuernos más de veinte veces.

Ninguna decisión tomada bajo temor es buena, especialmente la de llamar a un ex por desesperación. Por eso te digo ¡que no te invada el pánico! Hoy día hay mujeres que están teniendo hijos a una edad madura. Un ejemplo es la famosa actriz Halle Berry, quien tuvo su primer varoncito a los 47 años. Es más inteligente ir a un banco de esperma y buscar un donante para tener un hijo sola que meterte con un hombre que no te valora.

3 **"Todas mis amigas ya están emparejadas y yo estoy soltera".** La presión social y familiar puede ser un gran factor para empujar a una mujer a escoger un mal partido. Si eres soltera como mi amiga Lorena, te vas a identificar con la siguiente escena.

—¿Tienes novio? —pregunta la tía de Lorena, a quien no ve hace tiempo.

—No, tía, no tengo novio, pero mejor cuéntame ¿cómo te va a ti? —responde tratando de cambiar el tema.

—¿Qué? ¿Una chica tan bonita como tú sigue sola? —grita la tía con una expresión de sorpresa exagerada.

—Ay, tía, mejor sola que mal acompañada —le dice con aire de sabiduría, tratando de excusar su soltería.

—¿Por qué sola? Eso si que está bien raro —comenta la tía en tono sarcástico, insinuando que Lorena podría ser lesbiana.

—Tía, soy selectiva y no he encontrado un buen hombre —le asegura, molesta.

—Pues, mijita, ya no estás para escoger tanto. Ponte las pilas ¡porque ya todas tus primas están casadas! —concluye la tía agriamente.

Lo que le sucede a mi amiga es el pan de cada día para muchas solteras. No dejes que la presión que otros ponen en ti sea lo que determine tu estado civil. A veces esas primas o amigas casadas no están felizmente emparejadas. Además, nadie paga tu alquiler, así que no le tienes que dar cuentas a nadie.

Ahora que sabes las razones por las que muchas acaban con un bueno para nada, no tienes excusa para tú ser una de ellas. No dejes que el miedo a quedarte sola, a estar muy vieja o al qué dirán sea lo que decida con quien compartes tu vida. De ahora en adelante, cuando alguien te pregunte por qué no tienes novio, responde con sarcasmo: "Porque soy inteligente... y demasiado bella".

Empujoncito
12
El perfil de un príncipe azul

Siempre que las solteras se reúnen, hablan del mismo tema: ¡no quedan hombres buenos! Pero la realidad es que sí existen hombres buenos, ¡verdaderos príncipes!, pues todas conocemos mujeres que están con hombres que las tratan como princesas. El problema radica en que muchas no saben elegir a un buen partido porque desconocen las cualidades que debe poseer un gran hombre.

Generalmente cuando le preguntas a una soltera qué cualidades busca en una pareja, la mayoría tiene una respuesta muy vaga: que tenga buenos sentimientos, que sea divertido, que sea sensible, que sea inteligente. Todas estas cualidades son buenas pero son demasiado generales. Cuando se trata de buscar al hombre ideal, ¡tienes que ser específica! Conocer esos rasgos de su personalidad que ponen un brillo en tus ojos, te sacan una sonrisa y llenan tu corazón. Olvídate de encontrar a un hombre genérico, ¡tú quieres a un hombre inigualable y maravilloso! En este empujoncito te voy a revelar las tres cualidades que llenan el perfil de un príncipe azul:

1 **Es seguro de sí mismo.** Cuando un hombre es seguro, confía en ti, te permite crecer y no se siente intimidado por tus éxitos, más bien te apoya para que puedas alcanzar tus metas. Mientras que un hombre inseguro te demostrará celos constantemente y tratará de controlarte en todo lo que haces: desde decirte qué ropa ponerte y cómo comportarte, hasta tratar de alejarte de tus amigos y de tu familia. Un hombre seguro de sí mismo no forma un conflicto porque otro te dio un cumplido o te echó un piropo. Un individuo seguro, en vez de enojarse, piensa: "Estoy orgulloso de tener una relación con una mujer que otros admiran".

2 **Es visionario.** Tiene un espíritu valiente y emprendedor. Siempre quiere crecer y superarse en la vida. De conformista no tiene un pelo. Tal vez no ha alcanzado grandes logros todavía, pero proyecta un buen futuro porque tiene grandes metas y sueños, y está trabajando fuerte para cumplirlos. Por el contrario, un hombre conformista no tiene ambiciones, ni sueña con construir un futuro. No planifica su vida, y vive día a día. Un hombre visionario significa progreso para los dos como pareja.

3 **Es equilibrado.** Tiene sus prioridades claras y en orden. No permite que el exceso de trabajo, gastos o placeres afecte su relación amorosa porque conoce sus límites. Por ejemplo, no va a gastar el dinero del alquiler en unas vacaciones o en la compra de unas llantas lujosas para su auto, ni va a dejar de acompañarte a un evento familiar porque su trabajo es más importante que tú. Tampoco se abstiene de disfrutar los placeres de la vida pero nunca llega a los excesos. Él sabe crear un equilibrio en su vida.

Desde ahora, cuando te adentres en la búsqueda del hombre ideal, ten muy claro este perfil. Recuerda, tu príncipe azul no tiene que llegar montado en un caballo blanco, pero si quieres que te traten como a una princesa, debe tener estas tres cualidades.

Empujoncito 13

¿Cuántos sapos hay que besar?

Dicen que para encontrar un príncipe azul hay que besar a muchos sapos. Pero no es cierto, no tienes que besarlos, más bien tienes que ¡evitarlos! Ahora que conoces el perfil del príncipe azul, estás lista para reconocer un buen partido. Pero te advierto que en la búsqueda del amor vas a encontrar muchos sapos. Por eso, en este empujoncito quiero presentarte cinco especies de sapos a los que nunca te debes acercar. Voy a revelarte cuáles son sus características, para que no caigas en el charco de uno de ellos.

1 **El sapo golpeado.** Su última relación le dejó el corazoncito hecho pedazos, por eso ahora tiene "miedo de volverse a enamorar". Te dará lástima verlo herido y tendrás el deseo de sanarlo, pero no cometas el error de convertirte en rescatadora porque quien va a salir herida eres tú. Al principio él va a hacer todo lo posible por enamorarte, pero una vez lo consiga se va a volver frío porque él tiene miedo de abrir su corazón nuevamente. Te dirá, por ejemplo: "Eres maravillosa, pero te conocí en un mal momento. Estoy pasando por una etapa difícil y no quiero hacerte daño. Si te hubiera conocido antes hubieras sido la mujer perfecta para mí". ¡Húyele a ese sapo! Únicamente quiere usarte para no estar solo. Para él ninguna mujer va a ser tan perfecta como lo era su ex. O peor aún, todo es un cuento para mantenerte a su disposición, pero realmente lo que quiere es estar libre para salir con varias a la vez.

2 **El sapo vividor.** Al principio parece ser muy emprendedor y trabajador y tiene grandes planes de ganar muchos millones en el futuro, pero siempre tiene algún problema financiero que no lo deja salir adelante. Sin embargo, todo el tiempo tiene una explicación para su mala racha: "Es que mi socio me robó el dinero, mi ex-mujer me llevó a la corte y me dejó en la calle, pero todo esto se va a resolver cuando yo reciba la herencia de mi abuelo". Este hombre busca que lo mantengan. Él no va tras tu corazón, más bien va tras tu cartera. Esta especie de sapo puede ser muy carismático y envolvente, y en

la mayoría de los casos es un amante excepcional en la cama. Pero, ¡cuidadito!: este sapo te dejará decepcionada, usada y, lo peor de todo, ¡arruinada!

3 **El sapo posesivo.** Cuando acabas de conocerlo, crees que has encontrado el hombre ideal: organizado, responsable, ingenioso, encantador y detallista. Sin que te des cuenta, empieza a controlarte de una manera muy sutil, y disimuladamente manipula tu tiempo, tus actividades y tus asuntos. Crees que es bueno porque se preocupa mucho por tus asuntos, pero no te engañes, lo que le preocupa es que nadie tenga acceso a ti y que estés disponible solo para él. Investiga todos tus movimientos: cuántas millas recorriste en tu auto, con quién hablas por teléfono y si te ve conversando con un hombre le dan celos. Es tan controlador que hasta quiere aprobar tu vestuario. El peligro con este sapo es que cuando no puede controlar a su mujer se encoleriza tanto que puede llegar a agredirla físicamente. Si un hombre al principio de la relación muestra señales de ser posesivo, controlador, agresivo o malgeniado, huye antes de que sea demasiado tarde.

4 **El sapo seductor.** Esta especie la reconoces rápidamente por su pinta: generalmente es atractivo y se preocupa por lucir bien; su apariencia física es muy importante para él. Es seductor, muy carismático y ¡tiene una gran labia! Cuando habla te derrites, pero fíjate que sus conversaciones contienen muchas insinuaciones sexuales, porque su fin no es una relación seria, sino que tú seas una más en su lista de conquistas. Su pasatiempo favorito es llevar a las mujeres a la cama. ¡Ojo!, este sapo siempre tiene gato encerrado. De repente se desaparece sin dar explicación, y cuando reaparece tiene una buena excusa para justificar su ausencia. También es común que a última hora cancele un compromiso que tenía contigo porque algo inesperado le salió en el camino. Además, te das cuenta de que su celular es un misterio: generalmente tiene el sonido desactivado o está apagado y no contesta llamadas. Siempre está escondiendo algo y por eso su comportamiento te hace dudar de sus intenciones. Vives intranquila y ansiosa porque no puedes confiar en él. Tu instinto te dice que no te conviene pero, como te gusta tanto, te ilusionas con ideas como "yo soy diferente... conmigo va a cambiar". No pierdas tu tiempo con alguien que te hace sentir insegura.

5. **El sapo amarrado.** ¡Este sapo tiene dueña! Ya sea porque está casado, o comprometido o en proceso de divorcio o tiene una relación a larga distancia. Mientras un hombre no esté completamente desligado de una mujer, no te metas con él. Siempre tendrá un pretexto de por qué no ha podido dejarla. No importa la excusa que te dé para acostarse contigo, reconoce que este hombre sigue atado, ligado, pegado, sujetado, encadenado y amarrado a otra.

Tú mereces a alguien que piense que eres irreemplazable y que no hay nadie como tú. No aceptes ser plato de segunda mesa. Tú debes ser el plato principal. Ahora que sabes reconocer las diferentes clases de sapos, la próxima vez que se te acerque uno de ellos, no se te ocurra besarlo, porque nunca se transformará en príncipe y lo único que se te pegará serán sus verrugas.

14 — No lo obligues a zarpar

Cuando era niña, hice un crucero con mis padres. Quedé fascinada con la experiencia. Cuando regresé a mi casa, fantaseaba con la idea de estar en el barco. Y esa fantasía se convirtió en uno de mis juegos favoritos. Mi cuarto era el barco. Yo tenía una litera con dos camas superpuestas; la de arriba era la borda donde salía a mirar el mar y la de abajo era el camarote. Recopilaba artículos por toda la casa: platos, vasos, cubiertos, toallas, adornos, flores y comida de la cocina para arreglar y preparar mi buque. Yo era la capitana, la mucama, la cocinera y la camarera, ¡todas al mismo tiempo! Los pasajeros de este exclusivo transatlántico eran nada más y nada menos que mis dos hermanos mayores, Héctor y Alberto, a quienes adoraba y deseaba estar todo el tiempo con ellos.

Pasaba horas organizando todo para recibirlos. Servía papitas en los platos, ponía jugo en los vasos y arreglaba todo en una mesita de noche que arrastraba hasta el medio de la habitación. Allí ponía dos sillitas plásticas y, cuando estaba todo listo, muy orgullosa les decía a mis hermanos: "¡Bienvenidos al barco *María del Mar!* La van a pasar de maravilla, tengo un suculento bufé de comida y cómodas camas, además hay un *show* de baile. ¡Vengan ya!". Pero siempre sucedía algo muy decepcionante que me dejaba triste y desilusionada. Mis hermanos nunca querían venir a participar en mi crucero. Por más que les rogara, me ignoraban. Me quejaba con mi papá para que los obligará a jugar conmigo pero tampoco hacían caso. Los jalaba por las manos o los empujaba mientras suplicaba: "Por favor entren, todo está listo para ustedes, hay dulces y papitas, los voy a tratar como reyes, les juro que se van a divertir". Pero aun así se negaban a zarpar. Y lo peor era que, si me descuidaba un momentito, entraban a mi barco, se comían todo pero no jugaban conmigo.

Un día, cansada de tanto desprecio, decidí jugar al crucero sin ellos y traje todas las golosinas que había en la cocina. Mis hermanos me veían preparando todo y creían que yo les rogaría como siempre, pero esta vez yo tenía otros huéspedes a los que no tendría que suplicarles: ¡mis invitados imaginarios!

Una vez que terminé de arreglarlo todo, cerré la puerta de mi cuarto y escribí un letrero que decía: "Barco lleno... no entre". Empecé a jugar con mis supuestos invitados y, para mi sorpresa, mis hermanos empezaron a tocar a la puerta: toc toc toc, "queremos entrar a nuestro camarote, ¡ábrenos!". Pero esta vez no les abrí la puerta y los rechacé: "Lo siento pero este barco salió de la bahía y ustedes se quedaron en la orilla". Y me dio gran satisfacción saber que eran ellos los que me rogaban ahora.

Desde entonces me di cuenta de una contundente realidad: *En esta vida, mientras más te desvivas por ganarte el amor de alguien, menos apreciará tus esfuerzos, y mientras más difícil te hagas, más deseará estar a tu lado.* Esta lección que me dio la vida a una temprana edad cambió mi perspectiva sobre las relaciones, y más tarde descubrí que también se aplica en el campo del amor.

Lo que hice —desvivirme, sobrarme y rogar para que mis hermanos jugaran conmigo— es muy parecido a lo que muchas mujeres hacen para ganarse el amor de un hombre, sin darse cuenta de que si das fácilmente o regalas algo, sin que la otra persona haga ningún esfuerzo por merecerlo, no es valorado. Se tiende a apreciar únicamente aquello que cuesta trabajo y esfuerzo obtener.

Por ejemplo, ¿quién aprecia más un auto nuevo, el chico que trabaja horas extras para ahorrar dinero, deja de comprarse ropa y cancela su membresía en el gimnasio, o el chico al que sus padres le regalan un auto nuevo sin exigirle nada a cambio?

Obviamente, el primer muchacho aprecia mucho más su carrito porque tuvo que sacrificarse para obtenerlo.

En el amor sucede lo mismo: el hombre aprecia y valora más a la mujer que se le hace difícil conquistar. Cuántas veces sucede que el hombre a quien no le haces caso es precisamente quien más se enamora de ti, mientras que aquel que más te gusta y por el que te desvives es a quien menos le interesas. ¿Por qué pasa esto?

El hombre es cazador por naturaleza desde los tiempos prehistóricos, por eso siempre va a querer cazar a una mujer para satisfacer su instinto. No puedes ir en contra de su naturaleza y ser tú quien trate de cazarlo. No puedes sobrarte para tratar de enamorarlo, tienes que hacerte la difícil y dejar que sea él quien se esfuerce y trate de ganarte: es así como realmente lo conquistas.

Uno de los errores más frecuentes que cometen las mujeres en el amor es dar demasiado. Piensan que si se desviven por un hombre lo van a conquistar. ¡Qué engaño! Si tuviste una relación amorosa con alguien que no te apreció, sin duda te vas a identificar con varias de las siguientes expresiones: "Si me llama, estoy disponible", "si necesita un favor, yo se lo hago", "si tiene un problema, yo se lo resuelvo", "si le falta dinero, yo se lo presto", "si tiene el apartamento sucio, yo se lo limpio", "si tiene hambre, yo le cocino", "si me necesita, dejo todo y voy corriendo, y hasta descuido mi trabajo para acomodarme a sus necesidades".

Crees que con todas esas concesiones lo vas a enamorar porque jamás se va a encontrar a una que haga lo mismo que tú. Pero en vez de enamorarlo, le das a entender que te tiene a sus pies y que te mueres por él. Es en ese momento que pierde el interés por ti porque se da cuenta de que ya te cazó y puede ir a buscar una nueva presa.

Quiero aclarar que no estoy diciendo que nunca te sacrifiques por él, ni estoy aconsejando que tengas sangre fría y seas despreocupada, pues eso lo alejaría. Obviamente, si tiene un problema inesperado o cualquier necesidad real, ¡claro que lo vas a ayudar! Pero al principio de una relación, ten mucho cuidado, porque hay una gran diferencia entre preocuparte por él, y desvivirte por él.

Si sientes el deseo de desvivirte por alguien, que sea por ti misma. Date tu lugar y muestra que eres una presa valiosa. Así interesarás al hombre que desea cazar tu corazón.

Empujoncito

15   **¿Y dónde se esconden los solteros?**

Entre las quejas más comunes de las mujeres solteras que no han podido encontrar el amor están las siguientes: "No quedan hombres solteros", "todos los buenos partidos ya están casados, comprometidos o son gays", "hoy día los hombres solo quieren acostarse contigo y nada de compromiso serio". No te engañes, la realidad es que hay muchos hombres buenos y solteritos que están deseosos de encontrar a la mujer de sus sueños.

Es probable que el problema sea que estás buscando en el lugar equivocado. Seguramente frecuentas sitios que un hombre soltero jamás visitaría, o vas a lugares donde los hombres no están buscando un buen amor. Los bares, por ejemplo, no son el lugar ideal para encontrar una buena pareja. Tal vez allí te diviertas por un rato, de eso no hay duda, y quizás hasta encuentres un novio pasajero, pero si lo que buscas es el amor de tu vida, allí no lo encontrarás. Claro que habrá alguna amiga que te diga que conoció a su marido en la disco. Pero esto es la excepción a la regla, pues el 99 por ciento de los hombres que visitan un club van con la mentalidad de encontrar a alguien con quien irse a la cama y no al altar. Así que en el caso de la amiga que encontró el amor entre tragos y baile, es porque su marido pertenece al 1 por ciento de los hombres que van a estos lugares y terminan casados.

Entonces, ¿dónde se encuentran los buenos partidos? Te voy a dar dos ejemplos reales y efectivos de cómo encontrar a un soltero en el lugar indicado. El primero es el de Jackie, una encantadora peluquera que conocí en Puerto Rico. Esta chica había hecho planes con dos amigas para ir a ver una pelea del boxeador Miguel Coto en un bar deportivo de San Juan. Sus amigas le cancelaron a última hora, pero en vez de aburrirse en casa, decidió acudir sola al bar. "A fin de cuentas, ya estoy arreglada y maquillada, así que aprovecho y salgo aunque sea sola", se dijo. Cuando llegó al lugar lo primero que notó es que el sitio estaba repleto de hombres y que había muy pocas mujeres. Se acomodó en el bar y, aunque ella no toma alcohol, pidió un vinito para que no le quitaran su silla y poder ver la pelea cómodamente. No pasó ni una hora cuando un caballero muy elegante y simpático se le acercó y le preguntó: "¿Una mujer tan guapa está sola?". Entablaron conversación, vieron la pelea juntos y al final de la noche, como todo un caballero la acompañó hasta su auto, le pagó el servicio de estacionamiento y le pidió su teléfono. Al siguiente día él la llamó. Desde entonces, Jackie y Roberto llevan cinco años juntos.

Ella me contó que más adelante su novio le confesó que a él se le hacía raro que una mujer tan atractiva llegara sola a un lugar donde la mayoría eran hombres. Esto le llamó la atención y pensó: "Esta chica seguramente está esperando a alguien, pero si en 45 minutos no llega nadie, significa que está solita y yo voy para allá a hacerle compañía". Y así fue como comenzó esta hermosa relación.

La otra historia que quiero contarte es la de mi amiga Carlota. Un día ella estaba en un semáforo esperando a que cambiara la luz. A su lado estaba un grupo de cinco motociclistas, una mujer entre ellos. Al cambiar la luz, a Carlota le llamó la atención la manera en que estos hombres le cedieron el paso a la chica motorista para que ella fuera la primera y ellos poder escoltarla. "Como me gustaría que también a mí un grupo de motociclistas me cuidaran como lo hacen con esa chica", pensó mi amiga.

Carlota dice que, desde que se divorció, tenía deseos de hacer algo diferente, intrépido y arriesgado. Así que se le metió en la cabeza la idea de comprarse una moto. Se dirigió a un concesionario para cumplir su anhelo y allí un vendedor la ayudó a escoger una motocicleta según su presupuesto y gusto. Una vez cerrado el trato, el vendedor le dijo entusiasmado:

—Aquí tienes las llaves de tu nueva Kawasaki.

—¡Que emoción, ahora soy oficialmente una chica motociclista! —exclamó Carlota

—La moto tiene el tanque lleno, así que está lista para la carretera —dijo entusiasmadamente el vendedor mientras la prendía.

—¡Un momentito!, no la prenda todavía —le advirtió ella preocupada.

—¿Por qué no? El día está bello, es perfecto para irse a recorrer la ciudad y sentir la velocidad y potencia de esta bala —indicó tratando de motivarla a que se subiera a la moto.

—Yo pensé que ustedes me entregarían la moto a domicilio —respondió ella.

—¡¿Entrega a domicilio?! —exclamó sorprendido el vendedor—. Nosotros no damos ese tipo de servicio.

—Pues qué pena decirle, pero si no me puede hacer la entrega en mi casa, tenemos que cancelar la compra —le advirtió Carlota con firmeza.

—Pero ¿por qué no puede llevársela usted? —preguntó desconcertado el vendedor.

—¡Porque no sé manejar una moto! —gritó ella.

La realidad era que Carlota de motos no sabía ni papa. Sin embargo, su inexperiencia en el asunto no la detuvo en su empeño de embarcarse en una nueva aventura. El vendedor acabó llevándole la motocicleta a su casa. A continuación se unió a un club de motociclistas, a muchos de los cuales les llamó la atención que una mujer con moto no supiera manejarla. Allí conoció a John, un hombre divorciado, amante de las motocicletas, quien se convertiría en su maestro de conducción y en el amor de su vida. John quedó flechado con la osadía de una mujer que se metió a un mundo totalmente desconocido para cumplir su sueño de hacer algo diferente. Tres años más tarde Carlota se casó con John y ahora recorren juntos los caminos de la vida.

Lo que les sucedió a Jackie y a Carlota no fue un golpe de suerte, sino que ambas fueron al sitio correcto para encontrar el amor: un lugar concurrido por personas del sexo opuesto. Nunca encontrarás a un soltero en una clase de zumba o de repostería, tampoco al ir de compras con tus amigas o en la peluquería donde va a haber solo mujeres.

Definitivamente que los mejores lugares para encontrar pareja son aquellos de interés masculino. Por ejemplo: arréglate, ponte bonita y ve a una exhibición de yates o de autos deportivos; sin duda la mayoría de los asistentes serán caballeros y no pasarás desapercibida. Además, quienes visitan este tipo de eventos probablemente son caballeros con clase y con dinero, pues generalmente quienes se interesan en esos "juguetes" son hombres que pueden comprárselos.

Otra parte donde hallarás posibles maridos es en una librería. Pero no en un día cualquiera: debes mirar el calendario de actividades y averiguar cuándo habrá una presentación de un libro de interés masculino. Por ejemplo: si un autor está promocionando un libro para coleccionistas de artículos deportivos o de mecánica automotriz o de pesca, ese día asistirán muchos hombres. A cualquiera de ellos que sea soltero y vea a una mujer que se interesa en su misma afición, le llamará la atención.

Para encontrar el amor no hay que andar con un montón de amigas, como muchas suelen hacer cuando van a salir. Es más difícil que se te acerque un pretendiente si siempre andas en grupo. Los hombres se intimidan cuando ven muchas mujeres juntas porque piensan que ellas los van a examinar, criticar y juzgar en grupo. Por eso, de vez en cuando arréglate, ponte bonita y ¡atrévete a salir sola!

Empujoncito 16
La regla número 1 de la primera cita

Si estás buscando el amor, irremediablemente vas a tener que entrar en el juego de las citas. Ahí vas a conocer a muchos prospectos, unos buenos y otros malos. Con algunos de ellos querrás pasar el resto de tu vida, y con respecto a otros querrás salir huyendo como alma que lleva el diablo. En este empujoncito te darás cuenta por qué algunos de los pretendientes que parecían ser buenos prospectos se desaparecieron sin ninguna explicación.

Las mujeres siempre llegan a la primera cita con muchas ilusiones y haciendo castillos en el aire. Apenas llevan media hora en el primer encuentro y ya comienzan a maquinar lo que van a decir sus amigas de su casi novio, piensan si su mamá se va a llevar bien con su futuro yerno, se imaginan vestidas de novia y hasta se preguntan si será un buen papá.

Mientras nosotras pensamos en estas "musarañas", por la cabeza del hombre esta pasando algo totalmente diferente. Cuando ellos van a la primera cita, no les importa si sabes cocinar, si eres hacendosa, si eres inteligente, si eres trabajadora, si serás buena esposa y mucho menos si le caerás bien a su mamá. Ellos solo tienen en mente una cosa: ¡sexo!

Esta es una escena típica de una primera cita:

—Soy diseñador de páginas web desde hace cuatro años, y tú, Karla, ¿a qué te dedicas? —pregunta Santiago mientras moja un pedazo de sushi en salsa de soya.

—Yo soy masajista en el *spa* de mi tía —dice Karla con orgullo.

—Qué interesante, un buen masaje es el mejor remedio para el estrés —asegura Santiago mientras piensa: "Mmmm, qué rico... ya me imagino lo que me va hacer esta mujer con sus manos".

—Sí, la mayoría de mis clientes son personas que están muy cargadas de estrés. Y me encanta poder aliviarlos —dice ella después de tomar un traguito de *sake*.

—¿Y hace cuánto tiempo eres masajista? —pregunta él mientras piensa: "Realmente lo que quiero saber es cuánto tiempo me tomará llevarte a la cama".

—Llevo cinco años como masajista.

—Te felicito, debes tener mucha experiencia —afirma Santiago mientras piensa: "Ojalá tengas esa misma experiencia en la cama". Luego pregunta—: ¿Cuánto tiempo te toma dar un masaje?

—Todo depende, pero la mayoría son de una hora.

—¡Guau! Es un masaje muy completo —exclama sonriente mientras su cabeza maquina: "Ojalá te pueda desvestir completa en menos de una hora".

¡Así son los hombres! Mientras tú hablas, ellos piensan en sexo. La pregunta que todo hombre tiene en mente cuando acaba de conocer a una mujer es: "¿Cuánto tiempo me tomará llevarla a la cama?" Él lo que quiere es sexo, pero de ti va a depender si el hombre cambia sus intenciones. Tu proceder durante la primera cita determinará si te mira en serio o te mira como una más.

No creas que dándole lo que él quiere lo vas a conquistar. Sucede todo lo contrario. Cuando te acuestas con un hombre acabando de conocerlo, lo que a este le pasa por la mente es: "Si se acostó conmigo tan rápidamente, hará lo mismo con otros. Además, si se va a la cama tan fácilmente, no es la mujer con quien quiero tener una relación, pues me pondrá los cuernos con cualquiera".

Por eso, tu comportamiento al principio es crucial para determinar el futuro de una posible relación. Te advierto, los hombres te pondrán a prueba para ver si "aflojas", pero no permitas caer en su juego y dejarte manipular por sus intenciones. ¡Jamás se te ocurra tener sexo en la primera cita!, de ninguna clase, nada de manoseo en partes íntimas ni sexo oral. Claro, esto no quiere decir que en la segunda cita te vas a acostar con él. ¡Tampoco en la segunda! Óyelo bien: nada de sexo al principio.

Empujoncito

17
Espera, todavía no lo busques

Después de la primera cita, digamos que el pretendiente te llevó hasta tu casa, te dejó en la puerta y se despidieron con un abrazo y un besito. Entras toda emocionada y vas directo a tu cuarto con el corazón latiendo de felicidad. Sacas el celular de tu cartera y te tiras en la cama boca arriba. Empiezas a pensar sobre el texto que le vas a enviar. Después de escribir y borrar varios mensajes, por fin te decides y le envías: "Qué bien la pasé, ojalá que se repita ☺".

Crees que este texto de agradecimiento no tiene nada de malo y es algo muy normal. Incluso crees que ese texto le hará pensar a él que eres muy educada y cortés. ¡Te equivocas! Este texto lo que le hará pensar es: "Quedó loquita conmigo; no pudo esperar a que yo me comunicara con ella; esta chica se muere por tener novio".

Una mujer que hace el primer contacto envía un claro mensaje de que está sola y desesperada por emparejarse. Cuando eres tú la que se comunica primero, el mensaje subliminal que le envías: "Me muero por ti o por el primero que venga, y te estoy llamando para que no te se olvide llamarme".

Aunque te mueras por llamar a un hombre, deja que sea él quien haga el primer contacto. Tampoco se te ocurra pedirlo de amigo en Facebook, seguirlo en Instagram, twitter o ninguna red social. ¡Ningún acercamiento! Tal vez te preocupa que no te llame. Si no lo hace significa que no estaba interesado en ti, y para qué humillarte buscando a alguien a quien no le interesas. Cuando a un hombre le gusta una mujer hará todo lo posible por volverla a ver.

Espera a que sea él quien te busque, te haces más interesante y le das a entender: "Soy una mujer ocupada, tengo mi propia vida y hay muchos interesados en mí. Así que ponte en la cola, a ver cómo llegas al primer lugar".

Ten paciencia y no te desesperes. Si le gustas, él te va a llamar...

Hazte la ocupada y serás más deseada

Luego del primer encuentro con ese chico especial, esperaste como tenías que hacerlo y no lo llamaste. Finalmente, ring, ring, ring (sonó el teléfono). "¡Helloooo!", contestas con una voz más dulce que un bombón. Estás tan emocionada y tienes tanto que contarle que terminas hablando más que una cotorra. Cuando cuelgas te das cuenta de que hablaste por más de dos horas con él.

Luego de esta larga llamada, piensas que hay una gran química entre ambos, y seguramente la hay, pues nadie se queda en el teléfono tanto tiempo con alguien que no le interesa. Pero, ¡ojo!, cometiste un grave error. Cuando pasas todo ese tiempo con un hombre en el teléfono, él piensa que no hay nadie interesado en ti y que por esta razón tienes tanto tiempo disponible. A un chico se le hace más interesante pensar que hay competencia, es decir, que hay otros galanes que te pretenden.

Al principio de una relación es importante que te des tu lugar y no estés tan accesible. Así que la regla dorada de la primera llamada es: "No hables por más de cinco minutos". Tampoco creas que tienes que ser grosera y tajante; todo lo contrario, se muy dulce y después de que hayas hablado por un ratito le dices: "Fulanito, que bueno que me llamaste, pero tengo que salir y voy a tener que dejarte... seguimos en contacto. Quiero que sepas que me alegró escucharte". Advertencia: no tienes que justificar por qué le cuelgas ni dar explicaciones falsas como "tengo que llevar a mi mamá al médico", "mi abuelita me está esperando para que la lleve a la iglesia", "tengo que pasear a mi perro". Pareces más interesante cuando no le dices por qué tu llamada fue corta.

Amor a segunda vista

Nos han vendido la idea de que si no sientes química con alguien desde el primer momento, la relación no va a funcionar. Cuántas veces has oído los casos de mujeres como mi amiga Andrea, que salió con un muchacho alto, buen mozo, inteligente y trabajador. Un buen partido para cualquier mujer en todo el sentido de la palabra. Al día siguiente de su cita me llamó decepcionada:

—María, la cita fue un desastre.

—¿Qué pasó? ¿Qué te hizo ese hombre? —pregunté preocupada.

—No hizo nada, ese es el problema —dijo Andrea desilusionada.

—¿Cómo que no hizo nada?

—Es un buen muchacho pero es aburrido, no habla casi nada y me tocó conversar a mí todo el tiempo.

—Por lo menos algo bueno tiene: no es un narcisista. ¿Por qué no le das otra oportunidad? Tal vez coge confianza —le sugerí.

—Ay no, María, ¿cómo se te ocurre? No siento química alguna con él —me respondió tajante.

—Si mal no recuerdo, cuando conociste a Roberto me dijiste que fue amor a primera vista y que la química que sintieron fue mágica. Pero al año él te puso los cuernos con tu mejor amiga. Bonita química, ¿no?

El verdadero amor no se mide por la química o la atracción que haya en el primer encuentro. Hay millones de personas que encontraron a su media naranja y no sintieron absolutamente nada cuando la conocieron. Muchos creen que el amor verdadero se siente rápidamente y, en ocasiones, a primera vista, pero la realidad es otra.

Personalmente estoy en una bella relación con un hombre maravilloso del cual jamás pensé que me enamoraría. De hecho, cuando lo conocí en casa de un amigo que tenemos en común, no me cayó bien y me pareció insocial porque no participó mucho en la conversación del grupo. Luego me enteré de que ese día había recibido una mala noticia. Más adelante me lo encontré, y aunque tampoco hubo química ese día, sí hubo camaradería. Además, me di cuenta de que era un hombre caballeroso e inteligente, dos cualidades por las que valía la pena conocerlo un poco más. Hoy te puedo asegurar que lo nuestro fue amor a segunda o quizás a tercera vista.

No juzgues a nadie por una primera cita. Nunca se sabe si la razón por la que no hubo química fue porque la persona estaba enferma, triste, estresada, cansada o tal vez le dieron nervios porque al verte sintió amor a primera vista y no supo cómo reaccionar.

Si conoces a un nuevo prospecto y no sientes atracción inmediata, sal con él por lo menos una vez más antes de decidir que no hay química. Claro, si el tipo es insoportable, grosero o atrevido, no tienes ni que finalizar la cita: podrías decir que vas al baño y ¡desaparecer! Pero si tiene destellos de cualidades que admiras, no pierdes nada y puedes ganar mucho dándole una segunda oportunidad. Puede que la próxima vez, él tenga a flor de piel esas cualidades que tú andas buscando en el hombre de tus sueños.

Empujoncito 20
No le gustas, punto... ¡y se acabó!

"Ese niño me empujó y no quiere jugar conmigo; ¡dice que huelo a caca de perro!", se queja una niña llorosa en la escena inicial de la película *He's Just Not That Into*

You (A él no le gustas tanto). La mamá, para tranquilizarla, le dice: "No lo tomes así, mi amor: cuando un niño te trata mal es porque le gustas y no sabe cómo demostrarlo".

Palabras como estas quedan grabadas en la mente de una niña para siempre. El problema es que cuando estas niñitas llegan a ser mujeres siguen creyendo que tales desprecios son demostraciones de amor, y erróneamente se ilusionan con alguien que claramente las está rechazando.

Es muy conocida la anécdota de la chica que, después de una cita amorosa, contó que la química entre ambos había sido espectacular. Sin embargo, al no recibir una segunda llamada, comenzó a maquinar excusas para justificar la desaparición de su galán: "A lo mejor perdió mi teléfono", "está muy ocupado con su trabajo", "está recuperándose de su última relación". Y las amigas, para consolarla, contribuían con excusas más creativas y alentadoras como: "Su abuelita debe estar agonizando en el hospital", "quizás tuvo un accidente", "seguramente está en un viaje de negocios en China". Al no oír del que tenía potencial para ser tu futuro marido, te sientes rechazada y herida. Para apaciguar este dolor de no ser correspondida, justificas la indiferencia y el comportamiento evasivo con miles de pretextos.

Seamos honestas: a nadie le gusta el rechazo, pero es mejor aceptarlo que disfrazarlo. Cuando un hombre está verdaderamente interesado en ti, no hay huracán, tsunami o terremoto que se interponga en su camino para hallarte o conquistarte. No hay absolutamente nada, te repito, ¡nada!

Cualquier excusa que te dé para no estar contigo es un "cortés" desprecio. La cruda realidad es que, si no te busca, es porque no le gustas, ¡punto y se acabó!

Pero no te desanimes: En la búsqueda del amor es inevitable encontrar desaires, y cuando esto suceda no te atormentes.

Que alguien no te corresponda no significa que hay algo malo en ti: es solo un mensaje claro de que era la persona equivocada.

Empujoncito 21
Un amor del bueno hasta en las malas

Al igual que un libro con bonita cubierta no significa que esa será una buena lectura, tampoco un novio divertido significa que en el futuro va a ser un buen marido. Los buenos maridos son como los buenos amigos: Están ahí en las buenas y en las malas… sobre todo en las malas.

Digamos que encontraste a un hombre que es muy simpático, le cae bien a todo el mundo porque cuando hace un cuento la gente estalla en carcajadas. Pero además, siempre está inventado algo. El sábado te lleva a la playa, y por la noche a una discoteca. El domingo a una barbacoa en casa de su tío y por la noche a una fiesta de amigos. Con él no te pierdes una película de estreno ni dejas de conocer el último bar que abrió en la ciudad. Siempre que estás a su lado "La vida es un carnaval", como se titula la canción de Celia Cruz.

Pero, de repente, llega un problemita a la relación y todo cambia, como le pasó a mi amiga Gloria con su novio, William, en vísperas de año nuevo:

—Mi amor, pasar por ti a las siete para llegar temprano a fiesta de New Year's Eve de tía Sherry —dijo William con su español maltratado y su marcado acento.

—Ay, mi osito, amanecí mal y me siento terrible. Parece que tengo un virus porque estoy con fiebre, dolor en el cuerpo y tengo el estómago descompuesto —expresó Gloria adolorida.

—Oh, shit!, no poder ser que esto pasarte en fin de año —gritó el gringo exaltado.

—Sí, mi amor, me va tocar pasar el fin de año aquí en mi casita. Pero si estás conmigo me voy a sentir mucho mejor... ¿Qué te parece si nos acurrucamos en el sofá, vemos una peliculita y despedimos el año juntos?... y de paso, ¿me podrías recoger la medicina que ya está disponible en la farmacia?

—¡Nooooo, it's fin de año! mejor quédarte relax en tu casa y descansar porquey mañana tenemos parrillada en casa de mi friend John. See you later, alligator... hablamos mañana —sugirió William para salir del paso.

—¿Me vas a dejar aquí solita? Por favor, ven aunque sea un ratito —le rogó.

—No way! Pegarseme virus, y me perderme barbecue mañana, ¡sorry! Happy New Year, ¡I love you!

¡Zazzzzz! Esta reacción le cayó a mi amiga Gloria como un balde de agua fría, ya que se dio cuenta de que este tipo de hombre divertido te quiere mucho mientras se trate de pasarla bien. Si un hombre no puede apoyarte cuando tienes un simple virus, mucho menos lo hará cuando tengas que enfrentar problemas serios en la relación, algo que todas las parejas, tarde o temprano, tendrán que afrontar. Esta clase de hombre no conoce dos palabras: responsabilidad y compromiso.

¿Tú quieres eso para tu vida? ¡Por supuesto que no! Así que, si bien es muy agradable estar con un hombre divertido, analiza muy bien su comportamiento a la hora de la verdad. Es entonces cuando sabrás si vale la pena tanta diversión.

Empujoncito

22

¡Catapún!...
**La misma piedra
en el camino**

Imagínate que hoy te levantas con muchos ánimos y decides hacer ejercicio. Vas a un parque muy bonito y empiezas a trotar. Mientras corres, disfrutas de los árboles, los niños que juegan, la brisa que acaricia tu pelo... y de repente, ¡catapún!, te tropiezas con una piedra enorme que había en el camino y te caes. No solo te desollas las rodillas sino que te doblas el tobillo y empiezas a sobártelo mientras echas unas palabrotas: ¡Maldita piedra desgraciada!... ¡Si hubiera un río cerca te tiro para que te ahogues!

Después de que pasa el dolor, la vergüenza y el susto, te sacudes y te levantas del suelo para seguir corriendo. Al día siguiente regresas a trotar por el mismo sitio y, distraída por la música que vas escuchando, ¡catapún! Te caes al suelo y vociferas a todo pulmón: ¡Cómo es posible que sea tan burra para volver a tropezar con la misma piedra!

Parece difícil creer que alguien repita la misma estupidez después de haber sufrido un buen golpe. La lógica sería aprender del primer golpetazo, sin embargo, así como en este relato, muchas mujeres vuelven a tropezar con la misma piedra o, mejor dicho, cometen los mismos errores en el campo del amor.

A la hora de buscar una pareja, muchas, sin darse cuenta, cometen el error de involucrarse con alguien que tiene cualidades muy similares a las de su ex. A veces repetimos en nuestra vida aquello a lo que estamos acostumbrados sin darnos cuenta de que nos hizo daño. No pierdas tiempo con alguien que acabas de conocer y adviertes los mismos comportamientos negativos de tu expareja. Las malas experiencias son para que aprendas, no para que las repitas. Meterte de nuevo con alguien que no funcionó, especialmente si te hizo sufrir, sería como leer un libro viejo una y otra vez cuando ya sabes que no habrá un final feliz.

Crea conciencia de tus errores y sus consecuencias para que no los sigas cometiendo. Es hora de sacar las piedras de tu vida para que te sea más fácil correr por el camino del amor.

Empujoncito 23

Mira pa' adelante que pa' atrás ya dolió bastante

Este empujoncito lo quiero dedicar a dejar atrás las ataduras a tu pasado amoroso que puedas tener. No te sumes al batallón de mujeres masoquistas que no pueden enamorarse nuevamente porque piensan que no van a poder querer a alguien de la manera en que amaron a su expareja.

Cuando una mujer sigue atada al recuerdo de un ex es porque, aunque no lo diga, en el fondo de su corazón tiene la remota esperanza de que él pueda volver a su vida. Es muy común que una mujer que no ha dejado ir a su ex por completo, piense para sí misma: "Se va a arrepentir algún día y volverá", "nunca va encontrar a alguien como yo", "lo que vivimos fue irrepetible y tarde o temprano se dará cuenta", "la vida da vueltas y tal vez nuestras vidas se vuelvan a juntar en un futuro". Si te identificas con algunos de estos pensamientos, significa que no has dejado ir el pasado, y lamento decirte que jamás podrás encontrar el amor que tanto anhelas. Es decir, mientras estés amarrada al pasado no podrás disfrutar lo que el futuro tiene guardado para ti.

Es hora de aceptar que todo acabó, deja de ilusionarte con esperanzas irreales. De ahora en adelante, cuando llegue a tu mente una de esas ideas, di lo siguiente: "Acepto que todo acabó y dejo ir a _____". (Llena el espacio en blanco con el nombre de tu ex). Repite estas palabras cada vez que te venga a la mente cualquier idea loca de volver con él. Sí, amiga, sé realista, ¡son ideas locas! Perdona mi sinceridad, pero la realidad es que tu ex ya rehízo su vida y lo último que le pasa por la mente es volver contigo.

Tal vez en cierto momento tuviste una relación hermosa, pero algo pasó que destruyó la relación y por eso hoy no están juntos, así que definitivamente no era la persona indicada para ti. Recuerda, si fuiste feliz con la persona incorrecta, ¡imagínate con la correcta! Como dice la canción de la cantante española Bebe: "Hoy vas a mirar pa'lante que pa' atrás ya te dolió bastante".

Ahora que sabes que puedes vivir algo mucho mejor que tu pasado, aliméntate de esa ilusión y ten fe en que vas a encontrar el verdadero amor.

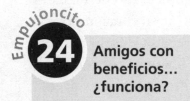

24 Amigos con beneficios... ¿funciona?

En la búsqueda del amor hay que tener paciencia, pero algunas se desesperan y optan por un pasatiempo informal que las entretenga mientras llega el príncipe azul. Esta distracción es algo que se ha puesto muy de moda en los últimos años, especialmente después de un par de películas de Hollywood que fueron muy taquilleras: *Friends with Benefits (Amigos con beneficios)* y *No Strings Attached (Sin compromiso)*. Estas películas tratan sobre amigos que tienen relaciones sexuales sin el compromiso que conlleva una relación formal.

Este tema es tabú del que no se habla, pues nadie grita a los cuatro vientos: "Tengo sexo para pasar el rato con un amigo cada vez que podemos". Además, poco se discute si realmente funciona o no este tipo de relación.

"Amigos con beneficios" o "amigos con derechos" puede ser una buena idea al momento de saciar los deseos de la carne, sin tener que lidiar con las típicas discusiones, exigencias, desacuerdos y celos que trae una relación sentimental seria. Pero, me pregunto si quien acuñó el término "amigos con beneficios" pensó en ese momento en los sinsabores que puede ocasionar este tipo de relación.

Tal vez en un principio te parezca placentero el juego de la cama, pero mientras más lo hagas —quieras o no— te conectarás más y más con esa persona. Por cierto, está comprobado que en el momento del orgasmo tu cuerpo libera una hormona llamada oxitocina, que está asociada con el enamoramiento y con la ampliación de la confianza en la relación. Algunos la llaman la "molécula del amor".

En otras palabras, aunque creas que solo se trata de un pasatiempo y que no te vas a enamorar, corres el riesgo de acabar enamorada. Hacer el amor es un acto tan sublime y disfrutable que inesperadamente pueden entrelazarse los sentimientos de dos personas de una manera muy profunda. Por eso, uno de los dos usualmente acaba herido, y generalmente es la mujer.

Te advierto, no creas que teniendo sexo con tu amigo lo vas a conquistar: ¡eso no va a suceder! Cuando tienes una relación sin compromiso en la que ambos tienen la libertad de salir con otras personas, eso significa que él no te mira con ningún interés serio. Los hombres son territoriales, y cuando realmente les gusta una mujer, jamás permiten que ningún individuo del sexo masculino se te acerque.

Si no estás preparada para enfrentar las desilusiones y los dolores de cabeza que siempre surgen en estas relaciones, además del riesgo de perder a un buen amigo, ¡no te metas en la cama con él! Y también te recuerdo: Mientras pierdas tu tiempo entreteniéndote en este juego, no llegará la pareja deseada.

Empujoncito 25
¿Tiene tu novio madera de esposo?

Después de haber leído los empujoncitos de este capítulo, no me cabe duda de que vas a encontrar un buen pretendiente. Y poco a poco la relación se irá formalizando.

Digamos que tu novio es encantador, te hace reír, te derrites por él y, como si esto fuera poco, a ambos les gusta la *pizza* recalentada como desayuno. Te has dado cuenta de que tienen mucho en común. Todo va viento en popa, así que no dudas de que se trata de un buen partido con el que podrías compartir el resto de tu vida. El hombre parece tener todas las cualidades para ser un gran marido. Sin embargo, la realidad es que el tiempo que compartan de novios no garantiza que será un buen esposo y que tendrán un matrimonio exitoso. Después de todo, más del 50 por ciento de las parejas casadas acaban en divorcio, según múltiples estudios.

Entonces, ¿cuál es la mejor manera de saber que alguien será un buen marido? Hay quienes creen que si un hombre es buen hijo, será un excelente esposo. Puede que así sea, pero existen otros factores muy importantes que se deben considerar a la hora de evaluar a un hombre. Te voy a dar cinco señales que indican si él tiene madera para ser buen esposo.

1 Él cree en ti. Te motiva a perseguir tus sueños. Es alguien que cree en tus talentos y te impulsa a lograr tus objetivos, y no importa cuán locos sean tu sueños, él se interesa en conocerlos y apoyarte en lo que pueda. Es tu fan número uno.

2 Es relajado. No se complica la vida con situaciones insignificantes. Si dejaste la pasta dental sin tapar o si llegaste 15 minutos tarde, no se mortifica. Esto indica que cuando lleguen los verdaderos problemas del matrimonio, tendrá una buena actitud para enfrentarlos.

3 Es tu cómplice. No tienes que esconderle nada, con él no hay secretos. Te permite ser tú misma. Si tienes que preocuparte por lo que vas a decir o hacer, por miedo a enojarle, no es la persona indicada para caminar al altar.

4 **Es generoso.** Presta atención cuando deja propinas. Si es agarrado para compensar a alguien que le dio servicio, significa que no valora lo que otros hacen por él. Fíjate si cuando van a un lugar te hace caminar diez cuadras con tus tacones con tal de ahorrarse un estacionamiento privado. Te advierto, ¡vivir con un tacaño es una tortura!

5 **Es cooperador.** Cuando te visita y te ve ocupada cocinando, lavando los platos o haciendo tu lavandería, él toma la iniciativa de ayudarte. Recuerda, si no coopera ahora que son novios, mucho menos lo hará cuando estén casados. ¡No hay nada más frustrante que lidiar con un vago!

Sin duda, tendrás que considerar otros comportamientos antes de decidir si te casas o no, pero sobre todo, presta atención a tu sexto sentido, y si este te murmura que alguien te va a decepcionar, sigue tu instinto antes de dar el sí.

Empujoncito 26
Señales de que está listo para casarse

Todo el mundo piensa que los hombres le tienen fobia al matrimonio. Sin embargo, no es así: todos quieren casarse algún día. Puede tomar mucho tiempo que un hombre reconozca los síntomas de "casamentitis", pero tarde o temprano la idea de compartir su vida con una mujer, tener sexo con ella toda la vida y la posibilidad de tener hijos cruzan por su mente.

Si estás ingeniando qué hacer para que tu novio te pida matrimonio, te tengo buenas y malas noticias. La buena es que puedes olvidarte de tus tácticas de manipulación, de las palabras románticas, de las caricias dulces y de la presión que le pones constantemente. La mala noticia es que no hay nada que puedas hacer para acelerar el proceso. No es posible convencer a un hombre con miedo al matrimonio de que eres lo mejor que le ha pasado en la vida, aunque realmente lo seas.

Recuerdo que en una escena de la famosa serie de televisión *Sex and the City*, la protagonista, Carrie Bradshaw, comparó a un hombre con un ocupado taxi neoyorquino. Si has estado en esta ciudad sabes que los taxis muy rara vez están disponibles, y cada vez que se enciende el cartel de libre, enseguida alguien lo toma. Así mismo son los hombres: no están disponibles para el matrimonio, pero en determinado punto de su vida estarán listos y el cartel de "disponible" se encenderá y al minuto pondrán un anillo en tu dedo.

Por suerte, no es complicado diferenciar a un hombre que tiene prendido el letrero de "libre" de otro que lo tiene apagado. En este empujoncito te ofrezco una lista de las señales que indican que tu amorcito ya está listo para el matrimonio.

1 Ya no le interesa visitar sus sitios de soltero favoritos. Los hombres que están listos para casarse admiten que se sienten fuera de lugar cuando vuelven a visitar bares, billares y discotecas a los que iban frecuentemente.

2 Que comience a ahorrar dinero también indica que está pensando en casarse. La mayoría de los hombres desea tener seguridad financiera antes de tener familia.

Por eso, reconoce que si su cuenta bancaria está en números rojos, lo último que le pasará por la mente es comprarte un anillo.

3 Te hace insinuaciones de que te vayas a vivir con él. No hay nada que delate más a un hombre con ganas de casarse que estar dispuesto a renunciar a su privacidad. Si está listo para compartir voluntariamente su preciada cueva contigo es que definitivamente te ve como su futura esposa.

4 Bromea con la idea de tener hijos: "Si tenemos una niña va a ser igualita de comelona que tú", "si tenemos un varoncito ojalá que se parezca a mí". Comentarios jocosos como estos indican su deseo de tener familia contigo.

5 Quiere que todo el mundo te conozca, en especial sus seres queridos y sus amigos y colegas. Te invita a todos sus eventos familiares: bodas, *picnics*, navidades, bautizos y hasta quinceañeras. Y cuando lo invitas a tus actividades, siempre está dispuesto a compartir con los tuyos porque le interesa ser parte de tu familia.

6 Cuando habla de sus planes futuros, te incluye: "Me encantaría ir a París algún día; estoy seguro de que esa ciudad te va a gustar", "quiero saber tu opinión sobre un negocio que quiero hacer el próximo año". Un hombre listo para formalizar cuenta contigo en sus decisiones importantes porque imagina su futuro contigo.

7 Con frecuencia hace comentarios que te dejan saber que eres la mujer ideal para él: "Nadie me entiende como tú", "con ninguna otra mujer he sido tan complaciente como contigo". Palabras como estas te expresan que eres el amor de su vida.

Si tu pareja muestra algunos de estos comportamientos, prepárate porque te puede sorprender con un anillo.

Juntos pero no revueltos

¿Es una mala idea convivir antes de casarse? Este es un tema polémico, y la respuesta depende de las razones que tengas para querer mudarte bajo el mismo techo con tu pareja. Hay quienes están a favor de hacerlo porque quieren comprobar si se van a llevar bien, para poder tomar la decisión de casarse. Mientras que aquellos en contra de la unión libre advierten: "Si le das la leche, nunca va a comprar la vaca". Independientemente de cuál sea tu motivación para mudarte con tu amorcito, lo que sí te puedo afirmar es que las parejas que se mudan juntas por las siguientes cinco razones están destinadas al fracaso.

1 Para ahorrar dinero. Muchas parejas justifican su decisión con el argumento financiero. "Podemos ahorrar dinero si pagamos el alquiler entre los dos". La convivencia tiene retos y, si la relación no se basa en amor, respeto y compromiso, será imposible sobrevivir. Además, economizar dinero es un motivo poco romántico para una decisión tan importante como la de vivir juntos. Es cierto que estamos pasando tiempos difíciles económicamente, pero si quieres ahorrar, mejor búscate un compañero de cuarto que quiera compartir tu apartamento. Ahorrar dinero no es motivo suficiente para mudarte con tu pretendiente.

2 **Para comprobar si vale la pena seguir juntos.** Muchas piensan: "Si no nos va bien, nos separamos". Si la convivencia comienza como un ensayo, significa que hay muchas dudas sobre ese romance. Un marido no es un par de zapatos que devuelves a la tienda porque te diste cuenta de que te raspaban el dedo gordo del pie. Una relación que carece de compromiso no podrá superar los momentos difíciles que conlleva la cohabitación. Antes de dar un paso tan serio debes tener la certeza de que es el hombre para ti. Si te mudas con un plan de escape en la mente, es porque no te sientes segura del paso que vas a dar.

3 **Para que se case conmigo.** Algunas creen que será más fácil convencer a su pareja del matrimonio una vez estén conviviendo. Tal vez piensas que compartir un mismo techo es la vía más rápida hacia el altar. Sin embargo, tu novio puede pensar diferente: "Ya estamos juntos, es lo mismo que estar casados". Si realmente quieres escuchar las campanas nupciales, evita mudarte con tu novio. Si un hombre está inseguro de casarse contigo, no cambiará su forma de pensar solo porque ahora comparten la misma dirección. Y si está seguro, te pedirá matrimonio sin necesidad de irse a vivir juntos.

4 **Para independizarte de tu familia.** Conozco jovencitas que han tomado la decisión de mudarse con un novio porque no soportaban vivir bajo las reglas de sus papás y querían la libertad para hacer lo que les plazca. Si lo

que buscas es liberarte del yugo de tu familia, te recuerdo que ahora tendrás que darle cuentas a tu pareja,
arreglar el hogar, pagar el alquiler y muchas otras responsabilidades que asumes cuando vives por tu cuenta.
Además, si estás estudiando, se te hará más difícil ren-
dir en la escuela. Mejor espera a acabar tus estudios y
tener verdadera independencia económica para que no
tengas que volver a casa de tus padres con el rabo entre
las piernas, como hace la mayoría de las chicas que se
van de su casa antes de tiempo.

5 Para "realizarte" como mujer. Hay quienes se sienten va-
cías e insatisfechas con su vida y encuentran un propósito a través de su pareja. Piensan que al mudarse con
un novio obtendrán reconocimiento. Creen que con
las responsabilidades de un hogar y ser "casi esposa"
les darán un lugar importante en la sociedad. Esta es la
peor razón para mudarte con tu enamorado. Hasta que
no encuentres satisfacción contigo misma, no podrás
hallarla en ningún sitio y con ningún hombre. La es-
critora Agnes Repplier lo explica más elocuentemente:
"No es fácil encontrar la felicidad en nosotros mismos,
y no es posible encontrarla en otro lado".

Antes de empacar tus cositas procura que tu motivación no sea
ninguna de las antes mencionadas. La principal razón para que
dos personas vivan juntas es el amor, además de que están dis-
puestos a dar un cien por ciento para que la relación funcione.

Cree en el amor

Cuando has pasado por desilusiones amorosas, decepciones, engaños o te dejaron el corazón hecho pedazos, es difícil creer nuevamente en el amor. Es más, estás tan a la defensiva que si llega el amor a tocarte la puerta, ves por la mirilla y abres pero con la cadena puesta. Entablas una relación por la rendija para que nadie pueda hacerte daño. ¡Qué locura, eso no funciona! Nadie quiere estar con alguien que se entrega a medias. Tarde o temprano se cansará y lo alejarás. Ese temor a abrir la puerta de tu corazón es precisamente lo que dificulta que entre el amor a tu vida. ¡Deja el miedo a enamorarte! En esta vida lo que temes ¡sucede! Si tienes miedo a enfermarte, se te pegará una gripe. Si tienes miedo a llegar tarde, encontrarás un trancón, y, de igual manera, si tienes miedo a que te rompan el corazón, te lo van a destrozar. ¡Cambia tu mentalidad! Sé valiente y atrévete a enfrentar ese temor a enamorarte. En vez de tener miedo, ten fe y confía con todo tu corazón que el hombre indicado va a llegar. Cree en el amor y el amor te sorprenderá.

CÓMO CONQUISTAR AL HOMBRE DE TU VIDA... SEGÚN SU SIGNO ZODIACAL

Por Alicia Morandi

En el capítulo que acabas de leer, María Marín te brindó las herramientas necesarias para detectar problemas del pasado que afectan tu presente al momento de salir a la conquista amorosa. Una vez que sepas qué es lo que debes cambiar, prepárate para realizar una limpieza sentimental profunda y así abrir tu corazón a la persona indicada. La astrología te ayuda en este esfuerzo para que puedas entender mejor a quién estás enamorando según su signo. Esta información es útil para evitar desilusiones y saber desde un principio qué territorio estás pisando. Si también conoces el signo ascendente de esa persona que te quita el sueño, puedes combinar los dos signos y sacarás mayor provecho. ¿Lista para la cacería? Entonces apunta y... ¡fuego!

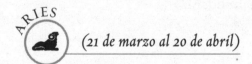 **(21 de marzo al 20 de abril)**

Este signo, regido por Marte, el planeta de la energía y la agresividad, es fuerte y protector. Para conquistar a un ariano hace falta mucha energía y paciencia, y acompañarlo en todo. No le gusta la impuntualidad, y se impacienta con facilidad, así que tendrás que evitar confrontaciones cuando esto ocurra. Al hombre de Aries le gusta que su pareja presente cierta fragilidad para poder protegerla y así sentirse especial e imprescindible a su lado. Reconócele sus virtudes y será incondicional. Si deseas conquistarlo, recuerda que el ariano es tal como lo ves. Tienes que hacerle sentir que la conquista no está terminada y así alimentar el fuego que siempre necesita para seguir adelante. Y recuerda que se siente más cómodo con las personas que le facilitan la vida y son más organizadas y prácticas que él.

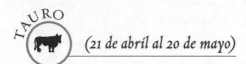

TAURO *(21 de abril al 20 de mayo)*

El signo del toro está regido por Venus, el planeta del amor y la belleza. Por eso el taurino es romántico, pero a la vez realista y emprendedor. El hijo de este signo cuenta con una voluntad de hierro, y cuando toma una decisión, difícilmente se echa atrás. Siente miedos que lo agobian y por eso busca protección. Si encuentra la estabilidad que desea, entonces sus sentimientos serán firmes y duraderos. Para conquistar a un taurino primeramente hay que saber que esto tomará tiempo. Debido a que le cuesta expresar lo que lleva adentro, tendrás que recurrir a tu propia intuición para entenderlo. Si está de mal genio, es mejor no interrogarlo, hay que hacer de cuenta que no pasa nada. A él le gusta la mujer conversadora y *sexy,* y si es posible, que sea buena cocinera. Este signo rige el dinero y aprecia a la mujer práctica y ahorrativa que le ayude a cuidar sus intereses.

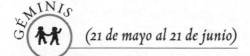

GÉMINIS *(21 de mayo al 21 de junio)*

El geminiano es amante de los cambios y fantasías, por eso puede enredarse con facilidad en relaciones complicadas. Aunque ama su libertad, suele ser emocionalmente dependiente. Para conquistar a un geminiano hay que ser versátil y de temperamento fuerte. Debes despertar su curiosidad hablándole de temas que le interesan o de historias intrigantes, y darte a conocer de a poco, para mantener su curiosidad. Cuanto más variados sean los planes que le propongas para divertirse, mucho mejor. La mujer callada o lenta lo desespera.

Hay que ser muy firme con él porque le cuesta trabajo decidirse a establecer una relación seria. Muéstrale autoridad porque la mayoría de las veces tienes que decidir por él, eso sí, hazlo siempre con una sonrisa. Pregúntale primero qué le gustaría hacer, porque tiene ideas buenísimas, lo malo es que después se enreda solo y de sus muchos planes solo cumple la mitad. Es necesario que tú dirijas la relación. Debes tomar todas las decisiones, pero no impongas una rutina en la relación; eso lo horroriza.

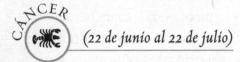

CÁNCER *(22 de junio al 22 de julio)*

Regido por la Luna, el hombre de Cáncer es sensible, intuitivo y afectuoso. Sabe crear lazos emocionales fuertes, y detesta las situaciones tensas o agresivas. El canceriano muestra mucha devoción hacia sus seres queridos y familia y se vuelve sobreprotector. Para conquistarlo hay que tratarlo con suavidad y cariño; que sienta que él no es el único que da en la relación, sino que también recibe. Él desea construir su propio hogar y buscará la pareja que lo ayude a hacerlo. Muchas veces se sumerge en su propio mundo mental, y aunque parece distraído, siempre está captando todo lo que sucede a su alrededor. Es muy sensible y cualquier gesto o palabra puede lastimarlo; por eso sé cuidadosa con el tono de tu voz y actitudes. Le gusta sentir que gracias a él, su pareja encuentra más estabilidad y seguridad en la vida.

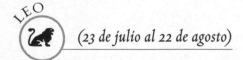

LEO *(23 de julio al 22 de agosto)*

Regido por el Sol, el astro del éxito y la vitalidad, el leonino es orgulloso, franco y con un buen sentido del humor. En la pareja es noble y pasional, y le encantan los amores difíciles de lograr. Es difícil resistirse a él porque siempre se encarga de deslumbrarte. Al leonino le gustan las grandes demostraciones de afecto y pasión. Ten esto en cuenta para conquistarlo. Leo vive la vida con intensidad y hay que ser fuerte para seguirle el ritmo. Para que caiga rendido a tus pies, reconócele sus méritos y demuéstrale que eres fiel. A la vez, él necesita admirar a su pareja y sentirse orgulloso de ella, y que los demás elogien su elección. Admira a la mujer que defiende sus propios intereses y demuestra su propia autoridad. Tiene mucho sentido del humor y le encanta reírse de todo. A pesar de ser un seductor, cuando forma una pareja lo hace con la intención de que sea para toda la vida.

 VIRGO *(23 de agosto al 22 de septiembre)*

Regido por Mercurio, el planeta de la razón y la inteligencia, el virginiano es ordenado y detallista; posee un gran sentido práctico que lo capacita para resolver problemas y realizar tareas con facilidad. Virgo espera en silencio el reconocimiento de los demás, pero no se lo dice a nadie, y a menudo sufre por no recibirlo. El hijo de este signo tiene fuertes inseguridades emocionales y necesita encontrar protección y seguridad en su pareja para poder expresar libremente sus sentimientos. Necesita que lo traten con delicadeza y sin agresividad. Para conquistarlo tienes que demostrarle tu apoyo y ofrecerle la seguridad que le hace falta para perseguir sus metas. Tiene miedo a fracasar, por eso es conveniente que lo ayudes a tomar sus decisiones. Con él tienes que aprender a crear espacios íntimos y sacar provecho del momento en que te abrirá su corazón.

 LIBRA *(23 de septiembre al 22 de octubre)*

Regido por Venus, el planeta del amor y la belleza, el libriano es amable, sociable e idealista; le atraen las situaciones románticas y placenteras, por eso es muy bueno en el arte de la seducción. Su personalidad lo lleva a vivir varios romances durante su vida, aunque se compromete poquísimas veces. Por lo general es físicamente atractivo y complaciente; muestra gestos amorosos y le gusta dar sorpresas, lo que lo convierte en un candidato solicitado. Siempre espera una respuesta similar a su gentileza, y si no la encuentra, podría desaparecer. La conquista de un libriano parece tarea fácil, pero no lo es. Para enamorarlo deberás mostrarle que tu compañía le hará su vida más placentera. Detesta los contratiempos y huye de las personas conflictivas. No lo apabulles con muchos planes ni lo presiones a tomar decisiones. El mejor camino para enamorarlo es despertar su parte romántica y soñadora. Y si logra sentirse seguro a tu lado, ya te lo ganaste para siempre.

 ESCORPIO *(23 de octubre al 22 de noviembre)*

Regido por Plutón, el planeta de la regeneración, y Marte, el planeta de la energía y la acción, el escorpiano es misterioso, varonil y apasionado. Vive cada momento de su vida como si fuera el último. Odia las mentiras y es muy directo, hasta llegar incluso a herir con facilidad. Escorpio se entrega totalmente a las personas que ama y espera encontrar la misma respuesta. Si se siente atraído por ti, lo demostrará abiertamente. Pero si no demuestra ese interés, entonces no hay nada que puedas hacer. Para conquistar a un escorpiano deberás mostrar que tienes valores firmes y que eres todo un reto para él. Es autoritario, por lo que intentará dirigirte la vida, pero no debes permitírselo, y en el fondo eso le gustará. Al hijo de este signo le gusta la mujer sensual, segura de sí misma y algo exuberante. Es muy fiel en una pareja si recibe las muestras de pasión que necesita.

SAGITARIO *(23 de noviembre al 21 de diciembre)*

Regido por Júpiter, el planeta de la benevolencia y la suerte, el varón sagitariano ama la libertad y no soporta la rutina; prefiere las actividades en contacto con la naturaleza y las aventuras. Le gusta involucrarse en situaciones riesgosas y si bien se enamora con facilidad, también se aburre con la misma rapidez. El primer paso para conquistar a un sagitariano es tratarlo como amigo; la palabra matrimonio lo espanta. Entonces debes actuar como una amiga que lo acompaña y escucha con atención. Te darás cuenta de que empieza a enamorarse cuando muestra contradicciones en su comportamiento: puede pasar de apasionado a indiferente en cuestión de segundos. Además, el sagitariano se desespera cuando siente que está perdiendo a la potencial pareja y entonces se apura en mostrar sus sentimientos. Así que hazte de rogar. Es conveniente seguirle un poco el juego y mostrarte confundida; deberás decirle que necesitas un poco de tiempo para pensarlo. Prepárate para dirigir la relación, pero nunca limites completamente su libertad.

 CAPRICORNIO *(22 de diciembre al 20 de enero)*

Regido por Saturno, el planeta de la responsabilidad y el orden, el capricorniano es capaz de hacer grandes sacrificios para lograr lo que se propone y tiene un sentido muy práctico de la vida. Capricornio es un signo que impone autoridad y logra hacerse respetar. A pesar de su apariencia un tanto inexpresiva, es intenso en el amor, y sus sentimientos difícilmente cambian con el tiempo. No es fácil conquistar a un capricorniano; se debe tener paciencia y perseverancia, cualidades que él admira. Capricornio estudia a su pareja durante un tiempo y la somete a ciertas pruebas. Analiza y registra cada reacción.

Para conquistarlo es necesario que saques a luz toda tu inteligencia y habilidades. Al capricorniano le gusta una mujer compañera que no choque contra su autoridad. Cuando elige a su pareja lo hace con la idea de que sea para siempre.

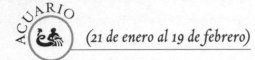

ACUARIO   *(21 de enero al 19 de febrero)*

Regido por Urano, el planeta de la extravagancia y la creatividad, el acuariano es rebelde, independiente, poco convencional y desapegado; no soporta la rutina ni las imposiciones. Su estilo de vida es de ritmo acelerado. Se relaciona con facilidad pero difícilmente se compromete. Su vida está llena de altibajos. Aunque Acuario ama la libertad, a menudo el amor lo lleva a elegir a una pareja posesiva y dominante. Para convertirte en la mujer de sus sueños tendrás que mostrarte liberal e independiente. Una buena estrategia para captar su interés es fomentar su curiosidad hablando de temas que le hagan pensar. Te conviene dejar en claro que no te interesa una relación formal y muy estable. Tendrás que decirle que en la vida buscas como pareja a un amigo. Recuerda que la conquista de un acuariano estará llena de sobresaltos, y hay que hacer mucho "mérito" para que finalice en matrimonio.

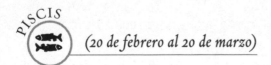

PISCIS   *(20 de febrero al 20 de marzo)*

Regido por Neptuno, el planeta de la espiritualidad, y Júpiter, el de la benevolencia, el hombre pisciano es soñador, sensible, servicial y romántico. Sus aspiraciones en la vida generalmente apuntan a una realización en el plano espiritual más que en el material. Cuando Piscis se enamora, se entrega por completo, pero si se decepciona, cambia abruptamente. Hay varias maneras de llegarle al corazón a un pisciano. Una de ellas es haciéndolo sentir útil y necesitado por su pareja. Pídele ayuda; hazle partícipe de tus asuntos cotidianos. Otra forma de conquistarlo es despertando su gran sensibilidad hacia la naturaleza, invitándolo a lugares al aire libre, con paisajes deslumbrantes. Pero la manera más segura de conquistarlo es demostrándole cariño con suavidad; así de simple. Y no necesita cosas materiales para ser feliz. Deberás cuidarte de su idealismo que podría llevarlo a verte de una manera imaginaria. A menudo recuérdale tus defectos o problemas para que te acepte tal como eres. No lo presiones, pero actúa siempre con seguridad porque el pisciano permanece al lado de la mujer que le ofrece más estabilidad en el mundo material.

CAPÍTULO 3

Empujoncitos para mantener viva la llama de la pasión

Introducción

El amor es como una casa nueva: al principio todo funciona de maravilla, el agua sale de los grifos con buena presión; la pintura huele a nueva todavía; el piso está recién pulido; la nevera y la estufa, de primera calidad; y las ventanas cierran y abren sin rechinar. No tienes que preocuparte de llamar a los plomeros ni a los albañiles, electricistas o pintores "pone parches", solo tienes que disfrutar tu casita nueva.

Así sucede con las relaciones amorosas: al principio las hormonas están tan alborotadas que le dices que sí a todo lo que él te propone, y él hace todo lo que tú le pidas. Pero al pasar el tiempo, al amor, como a la casa, se le van "rompiendo" cositas por aquí y por allá, y la misma vida en pareja hace que las hormonas se vayan tranquilizando y un día, sin darte cuenta, ves una grieta en el techo.

En este tercer capítulo te voy a confesar secretos importantes ¡y muy atrevidos! para que mantengas encendida la llama del amor en tu relación. Pero no esperes encontrar aquí las decenas de posiciones del *Kama Sutra,* ni tampoco te voy aconsejar que instales un tubo en tu cuarto para deslizarte todas las noches como si fueras una bailarina de centros nocturnos para caballeros, sino que te aconsejaré lo que jamás debes hacer en la cama con tu pareja y lo que *sí* debes hacer para mantener a tu hombre satisfecho y a la vez sentirte satisfecha tú misma.

Te advierto que muchos de los empujoncitos que leerás a continuación están calientes y no son aptos para menores de edad. No te asustes cuando leas cuáles son las fantasías sexuales más atrevidas de las mujeres, cómo debes tocar a tu hombre en sus zonas erógenas para volverlo loco, la práctica del sexo oral, cuán importante es el tamaño del pene y hasta lo que debes saber sobre el prohibido sexo anal. Aquí aprenderás cosas nuevas que hasta ahora eran tabú para muchas. Y la astrología le dará el toque final a este capítulo con el horóscopo de Alicia Morandi, quien esta vez te revela cómo mantener el interés sexual de tu pareja, según *su* signo zodiacal.

Continúa leyendo sin prejuicios y comprobarás cuánta razón hay en los siguientes empujoncitos. Para mantener viva la hoguera de la pasión, cada uno de los amantes tiene que abrir su mente y sentirse libre de explorar nuevas formas de amar para lograr su satisfacción y la de su pareja.

Empujoncito 29 — Cómo volver loco a un hombre en la cama

Presta mucha atención. Tal vez este sea el empujoncito más atrevido de todo el capítulo, porque te va a dar la clave para que te conviertas en la mejor amante. Estoy a punto de revelarte varios de los secretos sexuales más poderosos que existen para volver a un hombre loco en la cama. ¡Y no estoy exagerando ni un poquito! No importa si no tienes pareja en este momento, marca esta página del libro para que regreses a ella cuando conozcas a ese hombre especial.

Sé que estás deseosa de devorarte los puntos que te voy a dar a continuación, pero antes debes saber la regla dorada para atrapar a un hombre: *Hazle sentir que eres la mejor amante que ha tenido en la vida y jamás te dejará.*

Si empleas estos secretos, te garantizo que él pensará que eres una diosa en la cama. Así que, sin más preámbulos, he aquí la clave para tener a un hombre a tus pies:

1 **Envíale textos sexuales.** ¡Ojo!, dije textos, no fotos. Para que un hombre se enloquezca por ti, lo primero que tienes que estimularle no es ninguna parte de su cuerpo, sino su mente. Los textos sexuales lo excitan más que muchas otras cosas que puedas hacerle. Que reciba mensajes en su celular como: "No puedo dejar de pensar en todo lo que me hiciste anoche", "me fascinó cuando estabas dentro de mí", "esta noche voy a estar más traviesa que nunca", "te voy a comer como te gusta". Tal vez pienses que estos mensajes son vulgares y no dignos de una dama, pero la realidad es que si él recibe un par de mensajes como estos durante el día, no podrá sacarte de su mente y cuando te vea estará desesperado por desgarrarte la ropa.

2 **Provócalo y tiéntalo… pero nada más.** Ya le enviaste unos textos muy sensuales y explícitos. En este momento tu pareja está sudando de excitación y deseoso de llegar a la casa. ¡Advertencia! Cuando entre por la puerta no se te ocurra dejar que se salga con la suya. Tu trabajo es provocarlo y seducirlo sin darle una probadita todavía.

La idea es excitarlo hasta el punto de la locura. ¿Cómo lo haces?

No creas que poniéndote una lencería *sexy*. Esta vez te vas a poner una de sus camisetas, y no vas a usar ajustador, solamente una tanga *sexy*. Te vas a poner el perfume que a él le gusta y un aceite que te deje la piel como seda. Cuando entre por la puerta le vas a dar un beso apasionado y antes de que las cosas se pongan muy "calientes", le vas a susurrar al oído todo lo que tienes pensado hacerle. Luego sepárate de él con sutileza empieza a caminar a la alcoba. Para ese momento ya estará más que listo para devorarte.

3 **Complácelo con tu boca.** A los hombres les fascina el sexo oral, pero a diferencia de nosotras, que nos gusta de una manera sutil y delicada, a ellos les gusta con intensidad y brío. Para complacerlo no puedes tener escrúpulos ni repugnancia, es decir, no hacerlo a medias, ¡tienes que devorarlo! Pero ojo, no tengas prisa. Hay mujeres que cometen el error de ir directamente al miembro, pues piensan que eso es lo que ellos quieren, pero a los hombres les excita más si tú juegas con otras zonas erógenas antes de llegar a su pene.

Bésale el cuello, la espalda, el pecho y sobretodo sus pezones, eso lo excitará y le dará gran placer. Dale un masaje en la parte interior de sus muslos y acarícialo suavemente alrededor de sus testículos. Lo importante aquí es que te tomes por lo menos diez minutos antes de darle sexo oral. Así, cuando finalmente lo pruebes, él estará mucho más excitado que si hubieras ido directo al "grano".

4 **Haz la combinación perfecta.** Pregúntale a cualquier hombre y te dirá que no hay nada más placentero y erótico que una mujer que sabe combinar el sexo oral y la penetración. ¿Cómo lo hace? Alternando ambos. Te explico: Ponte encima de él y deja que te penetre, cuando veas que está al borde de un orgasmo, te separas y bajas a sus genitales para darle sexo oral. Si alternas estos dos actos lo vas a volver loco, al punto de que va a estar desesperado por eyacular; en ese momento lo miras profundamente a los ojos y le dices: "Aguántate, mi amor, un poco más... y dime cuando estés listo para explotar". Mientras más lo hagas aguantar, más placentero será su orgasmo.

5 **Dile: "Eres el mejor amante".** Después de que acaben es muy importante que le dejes saber cuánto lo disfrutaste: "Eres maravilloso, qué rico estuvo todo lo que me hiciste", "fue increíble, no puedo esperar a la próxima vez." Cuando admiras a un hombre y le elevas el ego, verás que él querrá hacer todo lo posible por complacerte de la misma manera que tú lo hiciste con él.

Después de complacerlo con estos pasos que te he dado, te aseguro que él te verá como la mujer más *sexy*, bella y sensual con la que ha estado, y si además, eres fiel y leal, serás el sueño hecho realidad de cualquier hombre.

Cinco errores que cometen las mujeres en la cama

Ya te enteraste que para ser una buena amante no tienes que ser una bailarina exótica que se desliza por un tubo como lo hizo Demmy Moore en la película *Striptease*; tampoco tienes que conocer las 64 posiciones del *Kama Sutra,* ni lucir como una conejita de *Playboy*.

Satisfacer a un hombre en la cama no es tarea difícil y te expliqué cómo hacerlo en el empujoncito anterior. Así que ya sabes todo lo que tienes que hacer en la intimidad para complacerlo, pero ahora te voy a decir lo que jamás debes hacer bajo las sábanas. Hay cinco comportamientos de las féminas que son un desastre y matan la pasión de los hombres.

A continuación te presento a las mujeres que ningún caballero quiere encontrarse en su cama.

1 **La murciélago.** Así les llamo a las mujeres que quieren estar en la oscuridad. En cuanto empiezan las muestras de "cariño" por parte de su hombre, enseguida se tiran al interruptor de la luz para apagarlo. Por lo general son mujeres inseguras que no quieren que su pareja les vea las estrías, la celulitis, los rollitos o cualquier defecto físico que tengan. No se dan cuenta de que en el momento de la intimidad el hombre no está fijándose en sus imperfecciones, sino que está concentrado en el acto sexual. A ellos les gusta una mujer que no se acompleje por su cuerpo y que le encante modelar desnuda frente a él. La seguridad en una mujer es el mejor afrodisíaco para ellos. Esto no significa que tienes que encender la luz más brillante del cuarto, si deseas puedes poner una luz tenue pero asegúrate de que no estás en tinieblas.

2 **La estatua**. Esta es la mujer que no hace nada, y espera que se lo hagan todo. Con ella, el hombre siempre tiene que tomar la iniciativa, si no, no pasa nada. No le hagas pensar que él es el único que siente deseo. Ellos quieren sentirse deseados, les encanta que seas tú quien, de vez en cuando, lo busques para hacer el amor. Demuéstrale todo lo que vas sintiendo, ya sea con palabras o con gestos. Pero no te quedes fría como una estatua ni tiesa como una momia: ¡Participa y demuéstrale que no eres de piedra!

3 **La lengüilarga.** No es que sea chismosa, pero esta mujer no le da descanso a la legua. A la hora del acto sexual, está habla que habla. Empieza a contar todo lo que le pasó durante el día, justo cuando está teniendo intimidad con su pareja: "Olvidé decirte que esta mañana se tapó la cañería... y para colmo pasé un gran susto porque Fufi se escapó y no encontraba mi perrita por ningún lado". Al momento de hacer el amor, a un hombre no le interesa escuchar ninguna conversación, a menos que tenga que ver con el acto sexual. Cualquier tema que no esté relacionado con la intimidad, es un mata-pasión. Deja tus problemas del diario fuera del dormitorio. ¡La cama no es una oficina de quejas! No permitas que tu hombre relacione el lugar más íntimo de tu hogar con los problemas cotidianos. Si quieres hablar, que sea sobre "la hoguera" que tú y él están encendiendo en ese momento.

4 **La vegetariana.** Esta mujer no es amiga de la carne, y no me refiero a un bistec o a un churrasco, sino a la "salchicha" de su hombre. Por eso se niega a otorgar sexo oral. Si eres una de ellas, te tengo malas noticias: ¡los hombres prefieren a las mujeres carnívoras! Una de las actividades sexuales que más disfrutan ellos es cuando estimulas su miembro con tu boca. Toma la iniciativa y deja que tus labios le hagan "el amor" donde tanto lo disfruta. Debes saber que para un hombre sus genitales son la representación de su hombría, y si rechazas esa parte de tu pareja, lo haces sentir como si no estuvieras completamente enamorada de él. En caso de que tengas tendencia a ser "vegetariana", te aconsejo que pruebes hacerlo con lubricantes de diferentes sabores, como chocolate, vainilla o fresa, fabricados especialmente para tener un placentero sexo oral, y lo mejor de todo es que no tienen calorías.

5   **La mosquita muerta.** Este tipo de mujer actúa como si no le gustara el sexo. Su temor más grande es que el hombre vaya a pensar que es una cualquiera. Así que se cuida mucho para que no vayan a pensar mal de ella. Se abstiene de expresar su placer o pedir lo que la satisface porque le da vergüenza. Ten en cuenta que el sueño de todo hombre es ser el mejor amante, por eso le fascina cuando una mujer le deja saber que ella está disfrutando. No tengas miedo a pedirle lo que te gusta. A tu pareja no hay nada que le fascine más que complacerte en la intimidad.

Si te identificaste con alguno de estos comportamientos, no te preocupes. El primer paso para remediar cualquier error es reconocerlo y evitarlo. De ahora en adelante no se te ocurra imitar a ninguna de estas mujeres mata-pasiones.

31 Atrévete a pedir placer sexual

Los empujoncitos anteriores te han revelado muchos secretos de cómo satisfacer a un hombre en la cama, pero no se trata de únicamente darle placer a él: tú también tienes que disfrutar al máximo tu sexualidad. Para mantener viva la llama de la pasión, que es precisamente de lo que se trata este capítulo, ambos tienen que saber cómo complacer al otro.

Si eres una mujer que no está plenamente satisfecha con sus relaciones sexuales, seguramente estás pensando: "¿Cómo le digo a mi pareja que no es un buen amante?". A la mayoría de las mujeres se les dificulta hablar de sexo con su pareja, no saben cómo hacerlo ni por dónde empezar. Sin embargo, si están en una tertulia de amigas, no les da pena contar lo que les disgusta y se les hace facilísimo confesar sus frustraciones sexuales:

—Mi pareja nunca se toma el tiempo para acariciarme ni besarme. Hace lo mismo que el dermatólogo: va directito "al grano".

—Ojalá yo tuviera ese problema; mi maridito se tira en el cama boca arriba y lo único que espera es que yo le de sexo oral, pero él no me hace nada a mí.

—No se quejen, amigas, el mío es un morboso: siempre quiere que hagamos el amor fantaseando que ambos estamos teniendo sexo con otra mujer.

—Pues mi esposo es el peor: nunca me espera, apenas empiezo a disfrutar y ahí mismo se viene a la velocidad de un rayo... ¡Me dan ganas de matarlo!

Estas quejas son típicas entre las mujeres, y no hay nada malo en que te desahogues con una amiga. El problema es que hablarlo con alguien que no sea tu pareja no va a resolver nada, pues con quien te estás acostando es con él y no con tu amiga.

Si eres de las que callas y no te atreves expresarle a tu pareja lo que sientes, te advierto que tu vínculo amoroso se deteriorará. El sexo es la comunicación más profunda que hay entre dos personas; en ese acto se unen en cuerpo, alma y espíritu. No hay forma de unión más maravillosa que llegar al éxtasis con tu amado. Si no hay entendimiento durante el acto sexual, aunque se lleven a las mil maravillas fuera de la habitación, siempre habrá cierta insatisfacción entre la pareja. Por esta razón es esencial que te atrevas a expresar lo que piensas y no tengas miedo a decir lo que te gusta o disgusta en el sexo.

Tal vez no sabes cómo hablar con él porque temes ofenderlo. Si le dices en un tono sarcástico: "La última vez que tuve un orgasmo contigo fue en 1995, eso fue en el siglo pasado; ojalá esté viva para disfrutar de otro orgasmo en el siglo XXI", obviamente que lo estarás agrediendo y apagarás con ello la llama del amor.

Si quieres mejorar el diálogo íntimo con tu pareja y no sabes cómo hacerlo, te recomiendo que primero escribas lo que deseas expresar. Es posible que en el momento te cueste verbalizar lo que quieres pues tu mente se nubla con pensamientos como los siguientes: "¿Cómo se lo digo?", "¿por dónde empiezo?", "voy a sonar como una tonta", "se va a molestar conmigo." Poner en papel tus ideas y luego organizar detalladamente lo que quieres decir te dará claridad y te ayudará a vocalizar lo que deseas expresar. Además, este ejercicio te hará sentir más segura de ti misma cuando hables con él.

A la hora de criticar lo que no te gusta, ten en cuenta que hay dos tipos de críticas, la constructiva y la destructiva. La destructiva solo señala lo malo sin ofrecer una solución. Por ejemplo: "No sabes cómo tocar mis partes íntimas, eres muy brusco y eso me fastidia." Esta clase de crítica es despectiva y hiere el ego de la persona, por lo tanto no tendrá motivación para cambiar su comportamiento. Por otro lado, la crítica constructiva primero reconoce lo que sí está funcionando, luego señala el asunto que se quiere mejorar y por último ofrece una solución para corregirlo. Por ejemplo: "Mi amor, me encanta como me haces el amor, tus besos son muy ricos y cuando me penetras, me vuelves loca. Pero quiero decirte que, cuando estimulas mi clítoris con tus dedos, me lastimas un poco porque soy súper sensible en esa parte. Me gustaría que trates de tocarme con más suavidad; eso me fascinaría."

Si lo criticas constructivamente, su actitud será receptiva y entenderá que hay cosas que no te agradan o que te hacen sentir incómoda. Para cualquier petición que hagas en la vida, lo importante no es lo que pidas, sino cómo lo pidas. Primero resalta lo que te gusta y luego plantea lo que deseas cambiar, o tal vez alguna nueva fantasía que quisieras tratar con él.

También es importante que escojas el mejor momento para hablar. No es buena idea sacar el tema de lo que no te gusta en medio del acto sexual. Elige un momento en que ambos estén relajados y fuera de la alcoba. Quizás una buena ocasión para hacerlo sea entre unas copitas de vino.

Muchas mujeres erróneamente esperan que su amante sepa lo que desean en la intimidad. Te recuerdo que tu pareja no es clarividente, así que no te va a leer la mente. Para que él pueda complacerte como tú quieres vas a tener que abrir la boca, porque solo hablando se entiende la gente. Créeme, tu pareja quiere saber qué es lo que más disfrutas, pues una de las cosas que más le fascina a un hombre es descubrir lo que hace a tu cuerpo vibrar.

32 El tamaño ideal del órgano masculino

Vivimos en una sociedad en la que el tamaño importa: quien posea la casa más grande es el más afortunado, quien tenga el televisor plasma de más pulgadas es el más visitado por sus amigos, y la novia que lleve el diamante más grande es la más envidiada. Por eso, no es ninguna sorpresa que se catalogue como el mejor amante al hombre que tenga el miembro más grande. ¿Quién dijo que el tamaño del pene se debe medir con la misma vara con que se mide una posesión o un objeto?

Quiero que sepas que la inseguridad más grande con la que puede vivir un hombre es la de pensar que su miembro no es lo suficientemente grande para satisfacer a su mujer. Los hombres viven obsesionados con su pene, y hasta miden su hombría según el tamaño del mismo. Su preocupación es tal que, cuando nacen sus hijos, lo primero en que se fijan es si el niño vino al mundo "bien dotado". Recuerdo que cuando mi hermano tuvo su primer hijo, no pudo estar presente en el nacimiento porque estaba en un viaje de negocios y su esposa dio a luz prematuramente. Después del parto llamó por teléfono rápidamente para saber cómo estaban su mujer y su recién nacido. Antes de preguntar sobre la salud del bebé, lo primero que preguntó a su esposa fue: "¿Y cómo esta el nene allá abajo, salió bien dotado?".

Esta preocupación de mi hermano muestra la importancia tan grande que le dan los hombres a su miembro. Ellos creen que con tener un pene de gran tamaño serán poderosos y, por supuesto, que conquistarán a todas las mujeres del mundo. ¡Qué equivocados están! Te puedo dar el ejemplo de una amiga que me contó sobre la maravillosa experiencia sexual que está viviendo con su nuevo novio, y me confesó que es el mejor amante que ha tenido. Lo que seguramente sorprendería a muchos es que mi amiga asegura que de todas sus parejas, este es quien más pequeño lo tiene, pero ha sido el mejor en la cama.

Tampoco estoy diciendo que las mujeres no le damos ninguna importancia al órgano sexual masculino. De hecho, en muchas ocasiones hablamos de él, pero la mayoría de las veces no conversamos sobre el tamaño, sino de cómo el hombre lo usa.

Para las mujeres, el pene es un juguete maravilloso que las excita sin importar cuánto mida. Realmente el tamaño no importa para nosotras, lo que sí nos importa de los hombres es el tamaño de su corazón.

Si tienes una pareja que tiene el miembro pequeño, jamás, jamás, jamás se te ocurra mencionarlo ni insinuarlo: esto solo apagaría su impulso sexual. Existen muchas otras formas de complacerte que pueden llevarte a un orgasmo; exploren el sexo oral, el uso de vibradores o consoladores y cualquier otro método que les permita disfrutar una vida sexual placentera y mantener viva la chispa de la pasión.

Empujoncito 33

El amor no es un negocio

¿Crees que las prostitutas son las únicas que cobran por sexo? ¡Estás equivocada! Hay muchas damas casadas o emparejadas que le cortan el sexo a su pareja a menos que el hombre les cumpla sus caprichos. Estas mujeres ponen al hombre en penitencia sexual si no las complacen de la manera que ellas quieren.

—Mi amorcito, sabes que se acerca nuestra boda de aluminio. Qué mejor ocasión para cambiar nuestros anillos de boda con unos nuevos que simbolicen una nueva década —le dice Patricia a su marido dos semanas antes de cumplir diez años de casados.

—Me parece buena idea, me gustaría regalarte un nuevo anillo —dice el marido muy complaciente, pero le advierte—: Voy a chequear mi presupuesto y ahí vemos.

—¡Qué emoción, te amo! —exclama y le susurra al oído sensualmente—: Yo sé que me vas a complacer y por eso te voy a complacer yo a ti —le acaricia los genitales, lo besa y se lo lleva al cuarto.

Después de dos semanas llega el día del aniversario y lo celebran en el restaurante italiano donde se conocieron.

—No puedo creer que hayan pasado 10 años desde que nos conocimos —dice Carlos mientras le da un sorbo al vino.

—Sí, mi gordito, el tiempo pasa volando, hemos superado muchas pruebas, pero tú sabes que yo contigo siempre estaré en las buenas y en las malas —comenta Patricia con una sonrisa, ansiosa de que su marido saque el regalo.

—Estoy agradecido contigo porque siempre has sido una buena madre y esposa —contesta el marido mientras su mano busca algo en el bolsillo de su chaqueta.

—Y yo te agradezco lo complaciente que siempre has sido conmigo. Tú eres el amor de mi vida —expresa Patricia, desesperada por saber lo que él va sacar del bolsillo.

—Este regalito es para ti, con todo mi cariño —dice Carlos con orgullo, y pone sobre la mesa una cajita de regalo azul turquesa decorada con una cinta blanca.

—Ay, Dios mío, ¡fuiste a Tiffany! Sabes que me fascina esa lujosa tienda —Patricia se levanta de la silla y le da un beso efusivo a Carlos. Emocionada, coge la cajita y cuidadosamente empieza a desenredar el delicado lazo. Le quita el papel turquesa, abre la caja y grita histérica y decepcionada:

—¿¡Un perfume Tiffany!? Sabías perfectamente que yo quería un anillo. ¿Cómo se te ocurre regalarme esta baratija? —lo cuestiona encolerizada mientras le devuelve el regalo y se para de la mesa.

—Siéntate, ¿a dónde vas? Este perfume no es una baratija, es una edición exclusiva y limitada que Tiffany lanzó y cuesta mucho dinero —explica Carlos, ofendido—. Tú bien sabes que estamos remodelando la casa y tenemos que ahorrar, por eso no me alcanzó para el anillo que quieres.

—Pues sigue ahorrando dinerito, porque de "esto" ya no vas a tener ni un poquito —le informa mientras señala su vagina con disimulo.

Patricia continúa comiendo y actúa como si nada hubiera sucedido, pues está convencida de que, luego de su advertencia, no pasarán muchos días antes de que Carlos quiera acabar con el castigo. Ella sabe que con tan solo quitarle el sexo a su marido, consigue lo que quiere, hasta un anillo.

Así como Patricia hay muchas. Esta clase de mujeres usan sus encantos femeninos de seducción para obtener lo que quieren. Para ellas el sexo en su relación no es amor, ni pasión, ¡es un negocio!

Si tú quieres una relación saludable, donde el amor y la pasión sean la base de la unión, no puedes usar el sexo como arma de manipulación. ¿Sabes por qué? Porque el hombre muy dentro de sí lo sabe, y al final te está viendo a ti también ¡como un negocio!

Cuando usas el sexo para manipular a tu pareja, le envías el mensaje de que solo te interesa tener intimidad si vas a conseguir algo a cambio. Es como si le dijeras: "No me gusta tener sexo contigo y cuando lo hago es solo por interés. "Este comportamiento frío y planeado le quita al acto sexual el profundo valor sentimental y espiritual que tiene por un valor monetario y calculado.

Una mujer que se comporta de esta manera con regularidad apaga poco a poco los sentimientos que su pareja tiene por ella. Y cuando te des cuenta de que la llama se apagó, será muy difícil encender nuevamente esa chispa que es capaz de unir a dos amantes en el sublime acto de la entrega sexual.

34 No seas una actriz en la cama

Una de las comedias más taquilleras del cine de Hollywood es la película titulada *When Harry Met Sally,* con Meg Ryan y Billy Crystal. Aunque la cinta se estrenó en 1989, todavía hoy es tema de conversación cuando se habla de los orgasmos femeninos. Hay una celebrada escena —en la que el personaje representado por Meg Ryan dramatiza convincentemente un orgasmo en público— que puso al descubierto un secreto que las mujeres tenían bien guardado: que pueden fingir un orgasmo con facilidad.

Esa escena reveló que las mujeres son actrices en la cama en algún momento dado. ¿Por qué lo hacemos?

Un estudio publicado en los Estados Unidos por el *Journal of Sexual Archives* analizó las respuestas de 481 mujeres sexualmente activas a la siguiente pregunta: "¿Por qué razón han fingido un orgasmo?". Hubo varias razones, pero la gran mayoría tuvo una respuesta muy altruista: El motivo principal por el cual fingen un orgasmo es para hacer sentir bien a su hombre.

Es un grave error fingir placer. Los hombres odian un orgasmo fingido. Si él se entera que en vez de amante fuiste una actriz en la cama, lastimarás su ego y se decepcionará. Además, no solo lo engañas a él sino que te engañas a ti misma, porque realmente no estás disfrutando.

El problema de hacerle creer que llegaste al clímax para que él se sienta bien es que, si un hombre piensa que te complace en la intimidad, no hará el esfuerzo para realmente satisfacerte como a ti te gusta.

En vez de fingir un orgasmo, debes hablar con tu pareja y decirle que necesitas más tiempo o más estimulación. No todas las mujeres pueden alcanzar un orgasmo a través de la penetración; algunas solo pueden alcanzarlo con la estimulación del clítoris, en cuyo caso el sexo oral es lo más recomendable. También déjale saber a tu hombre que hay veces que una mujer no podrá llegar al clímax, pero aun así disfrutará plenamente del acto sexual.

Por otro lado, también hay mujeres que fingen un orgasmo porque les duele la penetración y quieren finalizar el acto. Nunca hagas esto, si estás sintiendo dolor o incomodidad, déjaselo saber inmediatamente. Te aseguro que a él no le gustará saber que te está lastimando.

De ahora en adelante, sé real y deja de actuar en la cama, así tu hombre se esmerará para que disfrutes más en la intimidad. La honestidad es una cualidad imprescindible en todas las relaciones humanas, incluso en las relaciones sexuales.

Empujoncito 35 — Descubre sus zonas de más placer

¿Sabes cuántas zonas erógenas tiene un hombre? Tal vez crees que solo tienen una: el pene. Es cierto que esa es la zona donde más placer siente, pero te advierto que no es la única. Por tal motivo he dedicado este empujoncito a la exploración de las zonas masculinas más eróticas para que te conviertas no solo en una gran amante sino en la más creativa. Si sabes estimular cada centímetro de su cuerpo, lo volverás adicto a tus placeres secretos.

Lo que voy a compartir contigo no me lo inventé, lo estoy recomendando porque está científicamente comprobado. Advertencia: No tienes que sentirte obligada a experimentar ninguna de las siguientes sugerencias. Son solo técnicas para mujeres de mente abierta que quieran explorar con su pareja nuevas sensaciones en su vida sexual. Incluso, debes ser cautelosa a la hora de estimular algunas de sus zonas erógenas, pues si eres muy agresiva o intensa, puedes asustarlo o hasta espantarlo. Por eso, estudia cuidadosamente a tu hombre antes de hacer algo demasiado avanzado. Sin más preámbulos, empecemos de arriba hacia abajo.

✔ **Cuero cabelludo.** Hay muchísima tensión acumulada en su cabeza, y un buen masaje en la cabeza hará que tu hombre se derrita mientras le liberas de su estrés. Existen unos aparatos diseñados para masajear el cuero cabelludo (parecen una araña con patitas flacas y largas); son fabulosos para ayudarlo a relajarse mientras lo excitas. Si usas este aparatito mientras hacen el amor, te aseguro que volteará sus ojos de placer. Y lo mejor es que cuesta menos de cinco dólares.

✔ **Labios.** Esta es una parte extremadamente erógena. Si muerdes con suavidad uno de sus labios o succionas el interior de su boca o pasas sensualmente la lengua sobre su labio inferior, lo excitarás sin mayor esfuerzo. Asegúrate de darle besitos o piquitos antes de besarlo intensamente. Experimenta con diferentes estilos de besos.

Orejas. Morderlas, succionarlas o soplar alrededor de ellas, le despierta sensaciones eróticas. Te advierto que a algunos hombres no les gusta que le introduzcan la lengua en el oído, así que averigua si esto es algo que él disfruta, antes de hacerlo.

Cuello. Los besos suaves por el cuello hacen que casi todos los hombres se les aflojen las rodillas. ¡Ojo!, ten cuidado para que no le vayas a dejar un "chupón" o la marca de una mordida en un momento de pasión.

Pezones. Esta es otra área muy erógena y muchas mujeres no lo saben. A los hombres les encanta que les besen, succionen o muerdan suavemente sus pezones; también disfrutan de delicados pellizcos.

Dedos de las manos. Un truco que no falla con los hombres es el de chupar los dedos, porque al hacerlo le recuerdas el sexo oral. Y si mientras lo haces lo miras a los ojos, lo excitarás aún más.

Parte inferior de la espalda. Amasa, acaricia y desliza tus manos por su espalda, especialmente en la parte inferior casi llegando a las nalgas. Te recomiendo usar lociones o aceites para hacer este tipo de masaje.

El pene. Tiene casi tantas terminaciones nerviosas como el clítoris de las mujeres, por lo tanto es su zona erógena favorita. Aquí no hay que ser tan creativa, no importa lo que uses para estimularle esta área: boca, manos, senos, vagina, cabello ¡y hasta tus pies!, siempre lo harás inmensamente feliz.

✓ **Escroto y testículos.** El escroto es la piel o el saco que contiene los testículos. Algunos hombres lo tienen demasiado sensible para tocarlo, pero a otros les encanta que se lo acaricien. Esta parte se estimula con mucha precaución porque es extremadamente delicada.

Perineo. Es la zona comprendida entre el pene y el ano, ideal para añadir placer con tan solo una caricia.

Nalgas. A las mujeres les encantan las nalgas de los hombres pues les acuerda la colita de un bebé. Así que aprovecha porque a muchísimos hombres les gusta que les aprieten y manoseen esta parte. Otros aman que les pases las uñas por ellas durante el acto sexual.

✓ **Ano y próstata.** Si te atreves a explorar "el área donde no brilla el sol", podrás estimular la próstata, que es considerada como el punto G masculino. Aunque esta zona puede otorgar gran placer, algunos hombres son reacios a que se les estimule allí ya que la consideran una zona prohibida.

Muslos. Acariciar y besar la parte interior de los muslos les genera gran placer a los hombres, pero ten cuidado porque podrías provocarle intensas cosquillas y hacerlo reír.

Rodillas. Es otra zona poco hablada, pero están llenas de terminaciones nerviosas. Bésale y acaríciale la parte de atrás, por donde se doblan, y verás cómo le gusta. Asegúrate de hacerlo cuando está de pie, es ahí cuando siente más sensibilidad en las rodillas.

Hablar de sexo es un tabú, además de que hay mucha desinformación al respecto, por lo cual muchas mujeres no se atreven a ir más allá del sexo convencional, o no saben cómo hacerlo. La tecnología moderna ha permitido el acceso fácil a información valiosa, así que no hay excusa para no aprender a conocer a plenitud nuestra anatomía sexual.

Empujoncito 36

Los peores besos

Hay muchas maneras de expresar físicamente nuestros sentimientos: con abrazos, con caricias, con tiernas miradas... Todas estas muestras de cariño nos fascinan, pero nada se iguala a los besos. Un beso define la química entre dos personas. La unión de los labios entre dos amantes es uno de los afrodisíacos más poderosos, es una íntima expresión de amor que estimula la sexualidad.

"Dime como besas y te diré qué tan buen amante eres", reza un dicho muy popular. Un buen besador puede conquistar a quien sea, y quien no sabe besar puede matarle la pasión a cualquiera.

En este empujoncito te voy a describir cuatro tipos de besos que por nada del mundo debes dar porque en vez de conquistar vas a espantar a tu pretendiente.

1 El beso acuático. El besador no hace más que lamerte la cara. Este beso te deja como si hubieras salido de la playa: salada y mojada. Es normal intercambiar saliva durante un beso, pero se supone que permanezcas en el área cerca de la boca. Recuerda, a nadie le gusta que en un momento de pasión le quieran dejar toda la cara "lavada".

2 El beso aspiradora. Claro que todos los besos llevan "chupaditas", pero nunca debes succionar la lengua de tal manera que tu pareja piense que le vas extraer las amígdalas. Si lo haces, de besadora pasarás a ser aspiradora.

3 El beso pez. ¿Alguna vez has visto a un pez sacar la lengua? ¡Por supuesto que no! Pues quien besa como un pez, tampoco la saca. Muchas mujeres caen en esta categoría, ya que esperan que sea el hombre quien haga todos los movimientos con su lengua. Este tipo de beso es el más aburrido y desabrido. En vez de dar el beso pez, ¡da un beso francés!

4 El beso ninja. ¡La lengua de este besador es cinta negra! Este beso es violento, siempre viene acompañado de chupones, arañazos y mordidas asesinas. Un momento romántico lo convierte en un combate. Así como antes te dije que hay gente que no usa la lengua, este amante la usa en exceso y con fuerza. Hay una gran diferencia entre un beso apasionado y un beso violento. Ten en cuenta que un buen beso es dulce, sutil y con mucho sentimiento.

Si te identificas con uno de estos tipos de besos, no te preocupes que nunca es tarde para cambiar tu estilo y convertirte en una gran besadora.

37 No tienes que abrir la puerta trasera

En los últimos años se ha puesto muy de moda una parte de la anatomía femenina que ha ayudado a ganar más fama a artistas como Jennifer López, Kim Kardashian y Nicki Minaj. ¡Estoy hablando de sus traseros! Ellas y otras famosas han creado un movimiento social de adoración a los glúteos. Incluso las operaciones para aumentarlos se han incrementado más que cualquier otra cirugía estética, aún más que los senos. Es tanta la fascinación con la parte trasera de las féminas que algunos de los videos más populares en YouTube son canciones cuyas letras contienen frases como *you want my ass?* (¿quieres mi trasero?) y *I have a big booty* (tengo la cola grande), y las imágenes de estos videos son muy provocativas y explícitas. También las redes sociales están inundadas con millones de fotografías de mujeres posando con sus grandes nalgas.

Toda esta moda ha despertado el morbo de muchos hombres, quienes ahora se sienten atraídos, más que nunca, por las "pompis" de las mujeres. Esta fascinación ha existido toda la vida pero ahora es más común que antes. Así que no es sorpresa que hoy día un hombre te pida que le abras la "puerta trasera". En otras palabras, que tengan sexo anal. Aunque te parezca, tabú, pervertido, impuro y en contra de la naturaleza, la realidad es que a la gran mayoría de los hombres les fascina la idea de explorar esa zona tan prohibida.

No se te ocurra pensar que te voy a aconsejar que le abras la puerta de atrás a tu hombre para cumplir su fantasía. ¡No! Eso es una decisión muy personal y cada quien decide si lo practica o no. Hay mujeres que tienen sexo anal con su pareja y les satisface al punto que llegan a experimentar orgasmos. Por otro lado, hay quienes lo intentan pero les causa incomodidad y dolor y nunca más lo vuelven a hacer. También están las que jamás se atreverían a hacerlo. Y por último están aquellas que no les gusta, pero están dispuestas a padecer esta tortura con tal de complacer a su pareja. Este empujoncito va dedicado a este último grupo de mujeres. A ellas les digo: jamás aguantes dolor con tal de complacer a un hombre.

El dolor nunca debe formar parte de la intimidad, a menos que obtengas algún disfrute erótico cuando tu amante te inflige dolor. Pero si este no es tu caso, nunca te sientas obligada de hacer algo que te cause daño. Si lo has estado haciendo en contra de tu voluntad, es hora de ponerle fin a esa tortura. No creas que tienes que dar muchas explicaciones, sencillamente puedes decir la verdad: "No quiero hacerlo porque me duele", así de fácil. Nunca olvides que el verdadero placer sexual se alcanza solo cuando ambos lo disfrutan.

Empujoncito 38

Déjate complacer

Cuando de sexualidad se trata, debes perder la inhibición y despojarte de muchos prejuicios que no te permiten disfrutar de una experiencia verdaderamente placentera. Para darte un ejemplo, hay mujeres que no le permiten a su pareja que les haga sexo oral, ya sea porque creen que es inmoral, les da asco, piensan que es antihigiénico o sencillamente les da vergüenza. Tienen un bloqueo mental y por eso no dejan que su pareja "baje al mar". Esto es una gran pérdida de placer para ambos, porque no te satisfaces tú ni lo satisfaces a él.

Para la gran mayoría de los hombres, besar la vagina de su mujer es parte esencial de un acto sexual pleno. Cuanto más atraído esté hacia ti, más deseará probarte en todas partes. Negarle a un hombre que te bese y acaricie donde y como él quiera, lo dejará insatisfecho. Si quiere complacerte, déjalo y enséñale a hacerlo como a ti te gusta.

Para una sesión de sexo oral placentera, báñate, rasúrate y perfúmate antes de ese encuentro. Es importante resaltar que a pesar de que a los hombres les fascina dar sexo oral, muchos se quejan de la mala higiene de algunas mujeres. Cuando la vagina de una mujer tiene un mal olor es porque ha transpirado o porque tiene una infección bacteriana. Si notas un olor peculiar, debes visitar a tu ginecólogo. Una vagina limpia y sana no se supone que despida ningún mal olor.

Voy a cerrar este empujoncito traduciendo un dicho en inglés muy popular que se utiliza cuando se quiere alentar a alguien a hacer algo riesgoso pero placentero: *Close your eyes and enjoy the ride* (Cierra los ojos y disfruta el viaje).

Empujoncito 39. Las diez fantasías sexuales más populares de las mujeres

Un buen ingrediente para darle ese picante a tu vida íntima son las famosas fantasías sexuales. Y digo *famosas* porque todo el mundo, tanto hombres como mujeres, alguna vez ha fantaseado con una escena erótica que le excita sexualmente, y algunos hasta han llevado esta fantasía a la realidad.

Un estudio de la Universidad de Vermont sobre las fantasías sexuales demostró que el 80 por ciento de las mujeres fantasean durante el acto sexual, y el 90 por ciento de ellas utilizan las fantasías como una forma de excitarse durante la masturbación.

En el pasado las fantasías sexuales eran consideradas como algo vergonzoso y muchas sentían culpa por tener pensamientos impuros o dejarse llevar por sus deseos sexuales. Pero esta mentalidad ha cambiado.

Los sexólogos recomiendan las fantasías sexuales, ya que son un indicador de una buena salud sexual de las parejas. Todos aseguran que son sanas y forman parte de la sexualidad. Además, son buenas para activar el deseo y experimentar mayor excitación.

Advertencia: No estoy alentándote a que cumplas todas las fantasías. Repito: son fantasías, no realidad. Algunas puedes llevarlas a la realidad si tú y tu pareja están de acuerdo, y nadie se tiene que enterar. Hay otras más atrevidas que pueden tomar vida solo en tu imaginación, pero tampoco se tiene que enterar nadie. Algunas mujeres cuentan con la ayuda de su pareja, y ambos pueden convertirse en actores y realizar una buena película. La idea de estas fantasías es cambiar la monotonía que muchas parejas enfrentan, así que dale rienda suelta a tu imaginación y conviértelas en realidad, ya sea en tu mente o bajo las sábanas.

A continuación te voy a presentar las diez fantasías más comunes entre las mujeres. Te sorprenderás al saber que algunas mujeres tienen las mismas fantasías que tú.

1 Rendirse a un hombre dominante

Se trata de asumir el papel de sumisa. En esta fantasía la mujer accede a recibir órdenes, mandatos, reglas e incluso penitencias de su hombre. Esto no significa que sea una tonta; es todo lo contrario: generalmente las que disfrutan ceder el control en la intimidad difícilmente son las que están dispuestas a ser dominadas en la vida real.

2 Ser tomada por un extraño (muy guapo)

Esta es una de las fantasías más comunes, pero la menos confesable. El estudio "Women's Erotic Rape Fantasies", de la University of North Texas, indicó que el

62 por ciento de las mujeres han tenido esta fantasía. Esta fantasía consiste en que la mujer imagina que un desconocido hombre guapo, quien no puede controlar sus deseos, le hace el amor en contra de su voluntad. La mujer se erotiza al pensar que su belleza puede hacer perder el control a un hombre atractivo. Cabe aclarar que el peligro ni el abuso forman parte de esta fantasía en las féminas.

3 La dominatriz

En esta fantasía la mujer desea tener el control de un hombre, quien se convierte en su esclavo para que cumpla todas sus necesidades sexuales. Aquellas que lo llevan a la realidad utilizan objetos que demuestren autoridad e intimidan, como un látigo, un cinturón o una reglilla, o también le atan las manos con una soga o con esposas, o lo amarran a una cadena y lo jalan como un perrito a donde quieran. Algunas llegan a obligar a su esclavo a lavarles los pies y hasta los platos de la casa antes de complacerlas sexualmente.

4 La exhibicionista

La mujer desea que la vean mientras mantiene relaciones sexuales. La fantasía más común de estas mujeres es tener un encuentro sexual en un club nocturno lleno de gente y que todo el mundo la vea mientras practica un acto sexual, ya sea con un bailarín exótico o algún mesero apuesto. En este grupo también se encuentran las que fantasean con ser grabadas, filmadas o que les tomen fotos desnudas. ¡Ojo!, si llevas esta fantasía a la realidad, asegúrate de borrar o destruir cualquier evidencia que luego te pueda perjudicar.

5 La *voyeur*

La fantasía de ver a otros teniendo relaciones sexuales desde un lugar oculto es también muy común en las mujeres. Ya sea desde la rendija de una puerta, un closet o espiando a través de una ventana. También es frecuente imaginar que un vecino la observa desde un lugar secreto mientras ella está teniendo relaciones sexuales con su pareja.

6 Sexo en grupo

La idea de ser estimulada en distintas partes del cuerpo a la vez por más de una persona es otra de las fantasías más frecuentes de las mujeres. Muchas parejas han llevado esta fantasía a la realidad y han traído a un tercero o una tercera a la habitación. Sin embargo, hay quienes confiesan que haberlo hecho causó problemas serios en la relación, hasta el punto de provocar una separación.

7 Fantasías lésbicas

Tener relaciones sexuales con otra mujer es también una fantasía común. Esto no significa necesariamente que la mujer sea bisexual o lesbiana. Es, simplemente, la curiosidad que provoca lo desconocido o prohibido lo que pone su mente a volar.

8 Sexo con un personaje famoso

Tener sexo con una celebridad forma parte también de la imaginación sexual femenina. Muchas confiesan que imaginan que las penetra su artista favorito mientras tienen sexo con su hombre. Incluso, hay hombres que les gusta participar de esta fantasía y le piden a su mujer, por ejemplo: "Mi amor, quiero que, mientras hacemos el amor, cierres los ojos y te imagines que soy Leonardo DiCaprio".

9 Recordar relaciones del pasado

Soñar un reencuentro lleno de pasión y desenfreno con un amor del pasado es también habitual. La adrenalina que produce revivir una situación apasionada con un ex es una de las experiencias más comunes que la mujer recrea en su mente. Incluso, muchas confiesan que al tener esta fantasía traen a su mente a varias de sus ex parejas y se imaginan teniendo sexo con todos al mismo tiempo. Esto no significa que desee regresar con un ex, simplemente es una forma de erotizarse.

10 Ser *stripper* o prostituta

Esta fantasía se da mucho en las mujeres porque asocian a estas trabajadoras sexuales con el prototipo de mujer sexual ideal que a los hombres más les gusta. Por eso les fascina la idea de imaginar ser tan *sexy* como una de ellas. A algunas mujeres les excita que en la intimidad su hombre las llame putas o zorras, ya que estos insultos le imprimen realidad a su fantasía.

Ahora sabes cuáles son las fantasías que más erotizan a las mujeres. Aunque hay que aclarar que no son las únicas, sino las más populares. Algunas de estas fantasías se pueden llevar a cabo con tan solo visitar una tienda de objetos sexuales, donde encontrarás todo lo que necesitas para recrear tu imaginación: un disfraz *sexy,* lencería provocativa, pelucas, tacones de *stripper,* muñecos inflables, juguetes sexuales, consoladores, vibradores, lubricantes comestibles, aceites para masajes eróticos, películas pornográficas y mil cosas más para quien quiera dar rienda suelta a su imaginación.

No existen fantasías buenas o malas, a menos que esta se convierta en algo obsesivo y llegue a afectar tu vida o la de tu pareja.

Atrévete a explorar tus fantasías y verás que siempre habrá una razón para mantener viva la llama de la pasión en tu habitación.

Sal de la alcoba

Si el aburrimiento se aloja en tu habitación, es hora de salir de la alcoba y romper la monotonía. ¿Cómo lo haces? Deja la rutina. La cama no es el único lugar para hacer el amor. Toma la iniciativa, sácalo del cuarto y prueba en el sofá, en el balcón, en el mostrador de la cocina, en la piscina, en el escritorio donde está la computadora, en la escalera de emergencia ¡y hasta en el auto! Para eliminar el aburrimiento se necesita una dosis de excitación y un poquito de riesgo.

Un secreto sexual para alcanzar el éxito

Después de haber leído todos los empujoncitos en este capítulo, no hay duda de que vas a disfrutar a plenitud del sexo y que tendrás multitud de orgasmos. Y para cerrar este capítulo con broche de oro, te voy a revelar un secreto sexual que si lo practicas te llevará a alcanzar el éxito, no solo en la cama sino también en cualquier área de tu vida, tanto personal como profesional. Te advierto: Lo que vas leer te dejará boquiabierta, ya que es bastante osado y muy pocos lo conocen.

Me enteré de este secreto en mi última visita a México cuando fui a cenar con una amiga periodista a quien no veía desde hacía algún tiempo. Durante la cena nos pusimos al día y me enteré de lo bien que le ha ido: Es directora de una de las revistas más populares del país, y en los asuntos del amor también está triunfando.

—¡Estás acabando, mujer! ¿Cuál es tu secreto? —pregunté curiosa.

—Espero que no te asustes, Mari, porque mi secreto no es apto para menores —me advirtió con una sonrisa pícara.

—Tranquila, ¡suelta la bomba! que ya estoy bien grandecita y nada me sorprende —le aseguré, ansiosa por escuchar su revelación.

—Pues esta "bomba" es uno de los secretos del éxito mejor guardados: Ni tú, que eres motivadora, te lo imaginarías —respondió con picardía y agregó—: Te vas a acordar de mí por el resto de tu vida.

—¡Dime ya! —le rogué.

—¿Cuál es el momento en el que los seres humanos experimentamos la emoción más plena y placentera? —me preguntó, antes de revelarme el gran secreto.

—¡Cuando alcanzamos el clímax en una relación sexual! —le dije, muerta de la risa, tras pensarlo por unos segundos.

—¡Exactamente!, diste en el clavo —exclamó y me explicó detalladamente—. Cuando tenemos un orgasmo, nos sentimos en la gloria, todo es sublime y maravilloso. Entramos en un nirvana. ¡Solo hay éxtasis! En ese momento no existen miedos, inseguridades o incertidumbres ni tenemos pensamientos negativos, que son precisamente los que nos impiden atraer lo que queremos. Por eso, el orgasmo es el momento perfecto para visualizar todo lo que quieras y atraerlo a tu vida. Bien sea tener un negocio, comprar la casa de tus sueños, encontrar el amor de tu vida, tener un cuerpo atlético o viajar por todo el mundo.

—Entonces, ¿lo que quieres decir es que a la vez que tenemos un orgasmo, debemos imaginarnos que estamos logrando un sueño? —pregunté con asombro.

—Así es... pruébalo y verás, no falla —afirmó con seguridad.

Esta revelación me dejó boquiabierta. Pensé que era imposible para alguien imaginar sus sueños en medio de un orgasmo. ¿¡Quién hubiera pensado algo como esto!? Mi amiga me aclaró que sí es posible hacerlo porque en el momento del clímax, el sexo deja de ser físico y trasciende al plano espiritual, que es cuando experimentamos la felicidad absoluta y nuestros deseos se ponen en sintonía con la energía creadora del universo.

Este secreto viene del tao, el principio del taoísmo que establece la comunicación entre el cielo y la tierra. En la lengua china, tao significa *abrir camino, facilitar el paso.* Según esta filosofía, el orgasmo es uno de los vehículos más poderosos para atraer lo que más deseas en la vida.

Para practicarlo no tienes que estar con una pareja que te lleve al orgasmo. Puedes hacerlo solita por medio de la autoestimulación.

Este descubrimiento le da un valor agregado al acto sexual: no solamente te proporciona placer, sino que también es una vía para poder materializar tus sueños.

Cómo mantener el interés sexual de tu pareja, según su signo

Por Alicia Morandi

En este capítulo, María Marín te ha confesado secretos únicos y atrevidos para que mantengas encendida la llama de la pasión en tu pareja, sin necesidad de recurrir a posiciones estrafalarias ni convertirte en bailarina exótica. Estos consejos están al alcance de cualquier mortal, y si además le agregas la ayudita que te ofrece la astrología, seguramente la rutina nunca más entrará a tu cama.

 ARIES *(21 de marzo al 20 de abril)*

Si quieres mantener viva la llama de la pasión de un ariano, debes dejarle que sea él quien proponga e invente. Si puedes seguirle su rápido ritmo, lo tendrás contigo. Al ariano le fascina la pareja que se atreve a todo pero que lo deje ser el maestro, el guía. Este signo tiene que amar la parte física de la persona que tiene a su lado. Siempre trata de ser espontáneo y explosivo porque a Aries le atrae la acción. A tu ariano lo vas a volver loco acariciándole las sienes, el rostro y la frente, y jugando con su pelo. Pídele que cierre sus ojos y bésalo lentamente en los labios, párpados y nariz. ¡Verás los resultados!

 TAURO *(21 de abril al 20 de mayo)*

Tauro nació para seducir y su sueño es una unión apasionada; por lo tanto, necesita a su lado a alguien también muy pasional. Es un ser sexual y sensual que goza con los cinco sentidos, así que si deseas conservar su interés sexual, despiértaselo a través de la piel, que en este signo es extremadamente sensible. Recórrele la piel como si estuvieras dibujando sobre ella. El cuello y la nuca son los lugares más erógenos de este signo, así que puedes masajearlos con paciencia. Y si bien Tauro busca placer carnal, al mismo tiempo necesita seguridad y estabilidad. Tauro se relaja a través del sexo, así que cuanto más ocupado se encuentre, más será su necesidad sexual.

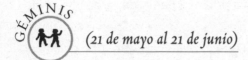 *(21 de mayo al 21 de junio)*

Seduce con la palabra y los gestos, y tiene fama de ser uno de los mejores amantes del zodíaco, aunque le cuesta entregarse emocionalmente. Si deseas mantenerlo a tu lado, debes saber que Géminis necesita variedad. Las fantasías eróticas y lo prohibido lo encienden. Le encanta que le acaricien los hombros, los brazos y las manos, ya que estos son sus principales puntos erógenos. También enloquece con besos y caricias en los codos, muñecas y hasta en las axilas, como si fuera un juego divertido de cosquillas, más que un acto sexual. El hijo de este signo suele quedarse al lado de quien no le haga sentir un "prisionero" dentro de la relación.

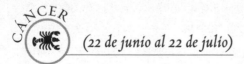 *(22 de junio al 22 de julio)*

Para mantener el interés sexual de un canceriano necesitarás mucho más que ser buena en la cama. Para un hijo de este signo, una cena íntima y exuberante, una jugosa conversación y mucho romanticismo en el ambiente son afrodisíacos perfectos que despiertan su pasión. Además, no deben faltar las caricias en el pecho, las partes laterales del torso y el vientre, pues son sus puntos erógenos. Puedes acariciarlo en movimiento circular, o masajearle con aceites perfumados. Y después de un masaje relajante, besarlo apasionadamente, intercalando mordidas suaves con mordiscones. Le encanta que le digan al oído cosas subiditas de tono en el instante en que la pasión está que arde.

 LEO *(23 de julio al 22 de agosto)*

Como una hoguera que se enciende poco a poco, Leo se toma su tiempo para encender su sexualidad, y una vez que lo logra, no hay quien lo pare. Por eso, para mantener el interés de los hijos de este signo, tú necesitas creatividad, erotismo y mucho entusiasmo. A cambio se entregará a ti generosamente y sin reservas. Le fascina que le masajees la zona del pecho a la altura del corazón, y luego pasar a la espalda. Esto se debe a que el plexo solar se encuentra bajo la influencia del Sol, regente de Leo. Hazlo sentir que es lo máximo como amante; esto estimulará su ego y, por lo tanto, su potencial sexual.

 VIRGO *(23 de agosto al 22 de septiembre)*

El punto donde explota la pasión en el virginiano se encuentra en la zona del abdomen y entrepiernas. Le vuelven loco los pellizcos suaves y las mordiditas eróticas alrededor del ombligo, al mismo tiempo que recibir caricias en las caderas. Para este signo el sexo por sí mismo no tiene sentido si se trata solamente de un acto físico. Necesita sentirse cómodo a un nivel mental y emocional, y si su pareja no le inspira total confianza, no podrá entregarse completamente. Para inspirarle confianza hay que ser honesto en esa relación, aunque a veces la honestidad pueda doler. Virgo prefiere una verdad dolorosa que una mentira.

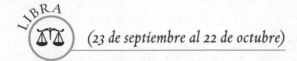

LIBRA *(23 de septiembre al 22 de octubre)*

Tómate tu tiempo con el hijo de este signo si deseas mantener su interés sexual. Al libriano le encantan las situaciones duraderas, incluido el sexo. Procura que el ambiente huela rico, con aromas suaves. Sé cortés, tolerante y muy romántica. Nada estimula más a Libra que sentirse especial para esa compañera sexual. Su respuesta puede ser muy corporal, porque Libra sabe disfrutar todo lo que involucra a los sentidos. Su debilidad son las caricias largas y amorosas en la espalda llegando hasta las sentaderas, y también en el pecho. Ten siempre en mente que necesita tiempo para excitarse, pero cuando lo logra, sabe cómo alargarlo al máximo, ¡y es capaz de tener múltiples orgasmos!

ESCORPIO *(23 de octubre al 22 de noviembre)*

Intenso es la palabra que define al hijo de este signo, pero a veces es más lo que siente que lo que pone en práctica. Para mantener su interés dale más besos, más caricias, más orgasmos. Escorpio se entrega intensamente a la pasión sin inhibiciones, y si a esto se le agrega su capacidad de comprender a los demás, este signo se convierte en el amante más solicitado. Su zona erógena se halla precisamente en los genitales y también en la espalda. Lo que secretamente espera de su pareja es que lo excite lentamente, dejándole por un rato con las ganas para luego volver al "ataque". Y así cada encuentro se convierte en una experiencia inolvidable.

(23 de noviembre al 21 de diciembre)

Al hijo de este signo le gusta probar y gozar, y considera que lo más importante es que la emoción sobreviva, contra viento y marea. Para mantener su interés sexual debes conquistarlo todos los días con variedad y ternura. Sagitario explota de pasión cuando se le acarician los muslos y las nalgas. Al estar regido por Júpiter, la parte interior de sus piernas cercana a los genitales también es un poderoso centro de erotismo. Con tus manos y boca recórrele esa zona con suavidad, haciéndole cosquillitas íntimas y excitantes. Pero en definitiva, la mejor manera de enloquecer de pasión a un sagitariano es con la creatividad sin límites.

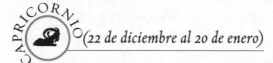 *(22 de diciembre al 20 de enero)*

Profundamente apasionado, aunque no lo demuestre. El hijo de este signo deja huella como amante, aunque por lo general no hace alarde de esto. Para mantener su interés sexual, pasa largas horas a su lado en la cama, tomándote tu tiempo para la entrega amorosa. Las pantorrillas son uno de sus puntos más erógenos. Masajea esta zona con cremas o aceites perfumados, al mismo tiempo que lo mordisqueas suavemente. Y aunque parezca gracioso, le excita que lo beses en la corva. Capricornio necesita que permanentemente le des lecciones de ternura, y te aseguro que sabrá corresponderte.

 (21 de enero al 19 de febrero)

Y si tu pareja es de Acuario, prepárate, porque no es fácil mantener su interés sexual. Gran parte del placer erótico de Acuario está en su mente. Por esa razón, para el hijo de este signo es tan fundamental el sexo como el diálogo. Busca tener con él una conversación interesante, que le enseñe cosas nuevas, porque si hay algo que le gusta es aprender. Muere de placer cuando se le estimulan las piernas; dale masajes en esa zona hasta llegar a las nalgas. Acuario es capaz de probarlo todo, por eso para retenerlo debes dejar de lado tus inhibiciones y dar rienda suelta a tu imaginación. Y esto no solo se aplica a la intimidad, sino a todos los aspectos de la convivencia.

PISCIS *(20 de febrero al 20 de marzo)*

Si quieres que tu pisciano permanezca entusiasmado a tu lado, no lo critiques, porque esto apaga su pasión. Tiene los sentimientos a flor de piel, y puede pasar de la melancolía a la rebeldía en un segundo. No prestes atención a sus cambios de humor, y así se sentirá seguro a tu lado y aumentará su deseo sexual. También puede hacer promesas exageradas cuando está en la intimidad. No lo tomes como mentiroso porque en su mundo todo le parece posible, y le seduce que a ti te parezca lo mismo. Los pies son su zona erógena; masajéale las plantas, presionando el centro. También puedes aumentar el erotismo apoyando sus pies en distintas partes de tu propio cuerpo.

CAPÍTULO 4

Empujoncitos para mejorar la comunicación

Introducción

¡Que tire la primera piedra quien nunca haya tenido una discusión con su pareja! De seguro, nadie que esté en una relación podrá tirarla. Las discusiones, los desacuerdos, las peleas o las opiniones encontradas son parte de la convivencia en pareja. Sin embargo, cuando existe una buena comunicación en la relación es posible disminuir considerablemente las diferencias.

Y sobre la comunicación de la pareja es que te voy a hablar en este capítulo. "Hablando se entiende la gente", reza el conocido adagio. Y yo le agregaría que escuchando se entiende mejor. Escuchar es tan importante como hablar.

En esta sección del libro te voy a dar unos empujoncitos que te van a ayudar a mejorar la comunicación con tu "media naranja". Por ejemplo, te daré a conocer los distintos tipos de lenguaje que existen en el amor. Sí, asimismo, el amor tiene sus diferentes "idiomas", y si tú y tu pareja no hablan el mismo, sería como un chino tratando de hablar con un alemán. Para que puedas tener una relación saludable vas a tener que aprender a hablar su idioma.

Aquí también te darás cuenta de que la comunicación entre dos amantes es una avenida de dos vías. Así como te gustaría que tu pareja escuchara lo que tienes que decir sin interrupciones, también le gustaría a él que tú le escuches. Por eso estas dos vías tienen que estar abiertas y despejadas para evitar un accidente en la autopista del amor.

Aprenderás que en las relaciones amorosas hay quienes dan "golpes bajos", y aunque no son golpes físicos, sus consecuencias dejan profundas heridas. Te diré cómo evitarlos y esquivarlos.

Descubrirás que a la hora de comunicar tus ideas, tus sentimientos o tus reclamos se puede dialogar efectivamente sin agresividad ni violencia verbal. Te va a sorprender cuánto puedes hacer para tener una comunicación saludable en tu relación. El pilar fundamental que sostiene a una pareja unida y feliz es la comunicación. Y por supuesto, Alicia Morandi te dará un empujoncito astrológico para que puedas comunicarte mejor con tu pareja, según su signo zodiacal.

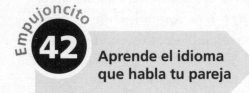

Empujoncito 42 — Aprende el idioma que habla tu pareja

¿Estás lista para convertirte en políglota? Si no sabes lo que significa, te explico. Una persona que domina dos idiomas es bilingüe, si habla tres es trilingüe y más de cuatro es políglota.

Prepárate porque vas a aprender cinco lenguajes en menos de una hora. Sin duda vas a decir: "María Marín, ¿estás loca? Llevo toda mi vida tratando de aprender inglés y no he podido dominarlo. ¿Cómo se te ocurre que voy a aprender cinco idiomas en un ratito?"

Tranquila, no se trata de idiomas como el francés, el italiano, el chino o el inglés, sino de lenguajes de sentimientos.

Hoy te convertirás en una políglota en lenguajes del amor. A diferencia de un idioma hablado, en los lenguajes que vas a aprender aquí no tienes que memorizar palabras, practicar el acento y mucho menos saber de gramática u ortografía, solo tienes que entender la manera en que cada persona expresa y siente el amor.

Cada individuo expresa sus sentimientos de una manera específica, y esa manera de expresarlos es su lenguaje del amor; en otras palabras, es su manera de amar.

Apuesto cualquier cosa a que tu manera de amar es diferente a la de tu pareja, porque casi nunca se juntan dos personas que hablan el mismo lenguaje en el amor. Y por eso hay tantos malentendidos en las relaciones amorosas. He aquí un ejemplo típico de una pareja que habla dos diferentes idiomas en el amor.

—Tú no me demuestras que me amas —dice la esposa, desilusionada.

—¿Por qué dices eso? Si todo el tiempo te digo que te quiero —responde el hombre, sorprendido.

—Sí, pero nunca pasas tiempo conmigo —se queja la mujer.

—Solo porque he estado ocupado estos días, deduces que no te amo. Tú sabes que eres mi reina y que te adoro con todas las fuerzas de mi corazón —le asegura el esposo.

—¿Y de qué sirve que me digas cosas bonitas si siempre estás trabajando y no tienes tiempo para mí?

—¡Te estoy diciendo que eres la mujer de mi vida! —exclama en un tono más alto, molesto.

—Pues demuéstramelo, porque no te creo —responde la esposa, herida.

—Te acabo de decir que te amo más que a nadie en este mundo. ¿En qué idioma te lo digo para que me entiendas?

—pregunta, frustrado, al darse cuenta de que su mujer no lo comprende.

Esto es un vivo ejemplo de lo que viven millones de parejas todos los días. El esposo expresa su amor con palabras pero su mujer no entiende ese lenguaje. Para ella sentirse amada, su pareja le tiene que dedicar tiempo de calidad: Esa es la manera en que ella siente el amor.

Es esencial que puedas identificar la forma en que tú y tu pareja comunican el amor para que sean capaces de entender el idioma de cada cual y así poder comprenderse mejor.

Según Gary Chapman, experto en relaciones matrimoniales y autor del exitoso libro *Los cinco lenguajes del amor*, los seres humanos tenemos cinco diferentes maneras de expresar el amor, y la mayoría de los desacuerdos entre parejas suceden porque hablan diferentes lenguajes. En los siguientes empujoncitos haremos un viaje alrededor del corazón para conocer los cinco diferentes idiomas y maneras de expresar el amor.

Empujoncito 43 · El lenguaje de las palabras de afirmación

Este es el primer lenguaje que abarcaremos. Una de las maneras en que las personas demuestran su amor es a través de la afirmación verbal. Quienes hablan este lenguaje expresan y sienten amor a través de palabras de aprecio. Para ellos el escuchar frases dulces, cariñosas y alentadoras es la mejor forma de sentir que alguien los ama. Por ejemplo, a una mujer que habla este idioma le fascina oír que su pareja le diga: "Tú eres hermosa y encantadora", "cocinas más sabroso que una chef, me encanta tu comida", "eres la mejor mamá, estoy orgulloso de ti", "me fascinas, estoy loco por ti."

Si es un hombre el que habla este lenguaje de palabras de afirmación, querrá oír: "Gracias por ser tan buen papá con nuestros hijos", "eres tan bueno, gracias por todo lo que haces por mí", "admiro tu inteligencia", "cada día me enamoro más de ti", "eres maravilloso como amante."

A este tipo de persona también le gusta oír palabras de aliento como : "Cree en ti", "tú eres el mejor", "tú puedes lograrlo", "sigue adelante", "tienes todo lo que se necesita para triunfar", "eres valiente, no tengas miedo." Y por supuesto, las palabras más dulces en sus oídos son: "Te amo."

Si te identificas con este lenguaje, hazle saber a tu pareja que tu idioma en el amor está formado por palabras. Si es tu media naranja quien habla este lenguaje, ten siempre presente echarle porras con mucho amor.

Empujoncito 44

El lenguaje del tiempo de calidad

Otro lenguaje del amor con el que muchos se identifican es el recibir o dar tiempo de calidad, es decir, dedicarle tiempo a tu pareja.

Hay mujeres que tienen de pareja a un hombre que es buen proveedor, buen papá y las complacen en todos sus antojos, sin embargo se quejan: "¿De qué me sirve una casa bonita y muchos lujos si no puedo disfrutarlos con mi esposo?" Lo mismo le sucede a un hombre que hable este mismo idioma y se queje: "¿De qué me sirve una mujer bonita, inteligente y exitosa si está siempre ocupada y no tiene tiempo para mí?"

Este tipo de persona desea pasar con su pareja momentos en que le presten total atención. Un aspecto muy importante del tiempo de calidad es la unión, pero esto no necesariamente significa que estén en la misma habitación, pues si uno de ellos está viendo televisión y el otro está en la computadora, realmente no están compartiendo una experiencia de calidad. Una manera de darle atención completa a tu pareja es yendo a cenar y conversar con ella sin interrupciones de ningún tipo o dar un paseo. O sencillamente sentarte en la sala de tu casa por veinte minutos con el televisor apagado y darle cien por ciento de tu atención a la otra persona. No creas que tienes que pasar todo ese tiempo mirándolo fijamente a los ojos sin hacer nada más, sino que pueden incluir actividades que sean de interés para ambos y los unan, por ejemplo: jugar dados, cartas, monopolio; escuchar música romántica; lavar juntos el auto en un día soleado de verano. Las actividades que hagan juntos, para ser consideradas tiempo de calidad, deben tener tres ingredientes básicos:

1 Por lo menos uno de los dos quiere hacerlo.
2 El otro está dispuesto a hacerlo.
3 Ambos son conscientes de que lo hacen para expresarse amor estando juntos.

Tampoco pienses que quien habla este idioma espera este tipo de atención todo el tiempo, ya que cuando ellos pasan un tiempo de calidad significativo con la persona amada se pueden sentir llenos por varios días.

Si hablas este lenguaje, hazle saber a tu pareja que el tiempo de calidad que pase contigo es la mejor demostración de amor que puede darte. Y si es tu amorcito quien se identifica con este idioma, debes organizar tu agenda para que puedas sacar tiempo y darle lo que necesita para sentirse amado.

Empujoncito 45

El lenguaje de recibir regalos

Una forma muy peculiar de expresar amor que muchos emplean es dar regalos. Algunas personas ven el acto de dar o recibir objetos materiales, independientemente de su valor, como un acto de amor. Sin estos actos de dar y recibir regalos, detalles, sorpresas, atenciones, las personas que utilizan este tipo de lenguaje no se sienten apreciadas.

Tal vez te cuestiones si dar regalos sea una forma de expresar el amor. La respuesta es sí. Sé que esto puede sonar banal y hasta quizá pienses que quien habla este lenguaje es una persona superficial o interesada, pero lo que hay que entender es que detrás de cada regalo hay un pensamiento muy profundo. Es imposible obsequiar algo a una persona sin antes haber pensado en él o ella. Un regalo es un símbolo de que alguien se tomó el tiempo de pensar en ti y en lo que te gusta, no importa cuánto dinero cueste el regalo, lo que importa es que quien lo obsequió pensó en ti.

Los regalos son símbolos visuales de amor. Es por eso que en las bodas existe la ceremonia de regalarse anillos como una representación de la unión matrimonial. Los novios se dicen el uno al otro: "Recibe este anillo como símbolo de mi amor y fidelidad."

En el caso de las bodas, regalar el anillo representa un inmenso valor sentimental, independientemente del valor monetario que tenga la prenda. Es tanto el significado sentimental que tiene el anillo que cuando uno de los dos se lo quita o se lo devuelve a su pareja, significa que la relación ha llegado a su fin.

Si el lenguaje principal del amor de tu pareja es recibir regalos, te salvaste porque este es uno de los lenguajes del amor más fáciles de aprender. Escoger regalos no es tarea complicada, ya que vienen en todos los tamaños, colores y formas; algunos son costosos y otros no valen nada. Si piensas que no eres buena para dar regalos y este es el lenguaje del amor de tu pareja, deja las excusas y ponte a aprender su lenguaje. Los regalos pueden ser comprados, encontrados o hechos por quien los da: desde una flor, una bonita tarjeta o hasta tomar un pedazo de papel, cortarlo en forma de corazón y escribirle "te quiero" en letras rojas y pegárselo en el espejo del cuarto a tu amado. También puedes hacer una lista de los regalos que a tu pareja le ha gustado recibir a través de los años, y esto te dará una idea del tipo de obsequio que más disfruta. No tienes que esperar una ocasión especial como cumpleaños, aniversario o Navidad para regalarle un detallito: lo que sea que le des en cualquier momento será recibido como una expresión de amor.

Recuerda: A la persona que comunica el amor de esta forma no le importa el costo del regalo, a menos que la mujer esté casada con un multimillonario como Bill Gates y este le haga un obsequio de cumpleaños de tan solo cincuenta dólares, en cuyo caso seguramente ella no vería este regalo como una expresión de amor. Pero si esta misma dama estuviera casada con un hombre pobre, y este le regalara algo que no valga más de un dólar, para ella podría significar un millón de dólares en amor.

Advertencia: Si eres ahorrador, o mejor dicho, tacaño, y el lenguaje del amor de tu pareja es el de recibir regalos, tendrás gran dificultad con la idea de gastar dinero como una expresión de amor. Pero no debes verlo como un gasto sino como una inversión. No te preocupes por ahorrar más; siempre tendrás ahorros, pero si no inviertes en tu relación, quedarás arruinado en el campo del amor.

Hay personas que expresan el amor con actos de servicio o actos de bondad. Quienes hablan este lenguaje buscan complacer a su pareja haciendo cosas por ella. Estas acciones pueden ser cocinar, limpiar la casa, recoger el desorden, lavar la ropa, sacar la basura, reparar algo dañado en el hogar, pasear al perro y hasta lavar los pies de su pareja, entre otras.

Todos estos actos de servicio toman tiempo, esfuerzo, energía, y, cuando se hacen con disposición y buena actitud, son verdaderas expresiones de amor. Por ejemplo, mi abuelito Félix solía decir: "Me saqué la lotería con tu abuela: Es la mejor cocinera, siempre me tiene la ropa lista, la casa limpia, las camisas planchadas y hasta me peina. Por eso yo sé que me ama."

Para suerte de mi abuelo, mi abuela Mercedes también disfrutaba al complacerlo. Al igual que él, los actos de servicio eran su lenguaje del amor. Mi abuelo también le demostraba su amor cuando lavaba el auto, pintaba una recámara, cortaba el césped, la ayudaba con los niños; y todo lo hacía con mucho gusto.

Es maravilloso cuando dos amantes hablan el mismo idioma amoroso, como en el caso de mis abuelos, pero esto sucede muy rara vez. La mayoría de las veces las mujeres que se identifican con este lenguaje se encuentran con hombres que no lo hablan y ni siquiera les interesa aprenderlo, ya que este leguaje del amor requiere mucho trabajo.

Es muy común escuchar la siguiente queja entre las mujeres: "Mi esposo es un buen proveedor, y siempre me está regalando cosas, pero me mortifica que no me ayude con los niños y que espere que yo haga todo el trabajo de la casa".

Si una mujer que habla este lenguaje escuchara a su marido decir "ya no te quejes más de que no hago nada; este fin de semana voy a contratar a alguien para que corte el césped y lave los autos", aunque suena como una gran ayuda para su mujer, ella no lo percibe así porque los que hablan este idioma quieren ver que su pareja sea quien haga el esfuerzo por ayudarlas, y este sacrificio es una verdadera demostración de amor para ellos.

Para quien habla este lenguaje es importante saber que la ayuda de su pareja es voluntaria y de corazón. Si nota o percibe que su cónyuge lo hace de mala gana o por cumplir, entonces no lo valoran como un acto de amor.

Si tu pareja habla este idioma en el amor y tú no lo hablas, será un gran reto para ti porque este es el más difícil de aprender ya que requiere mucha dedicación, disposición, esfuerzo y gran entrega. Sin embargo, si aprendes a hablar este idioma y le complaces con actos sinceros de amor, serás el más recompensado porque cuando ellos son reciprocados, te facilitan la vida, te ayudan en lo que sea, te resuelven cualquier problema y se desviven más que nadie con impresionantes actos de bondad. Ellos hacen honor al siguiente dicho: "Cuanto mayor sea el esfuerzo, mayor será la recompensa".

Empujoncito 47 — El lenguaje del contacto físico

El roce físico es el lenguaje amoroso principal de muchos apasionados. Sin este toque no se sienten amados, pero si lo reciben, se sienten en la gloria. El toque físico comunica tanto que con tan solo una caricia puedes crear amor, pero con una bofetada puedes crear odio. Por medio del contacto piel a piel, puedes cultivar o romper una relación.

Para los que hablan este lenguaje el cuerpo representa su corazón. Por eso si lo acaricias, lo mimas, lo besas y lo abrazas, ese corazoncito se calienta, pero si no lo tocas, se enfría.

Si descubres que el contacto físico es el lenguaje principal de tu pareja, nada te limita para expresar tu amor pues existen infinidad de maneras de demostrarlo; ya sea un abrazo, un beso apasionado, un simple piquito, un beso en la frente, tomarse las manos, un masaje en la espalda, pasar las manos por la cabeza, acariciar el cuerpo, hacer el amor y mil maneras más, sin más límites que tu imaginación.

Ellos son muy sensibles y en cuanto los tocan, no solo sienten tu mano, sino que también reciben tu energía. Por esta razón, con tan solo un abrazo son capaces de darse cuenta si están siendo amados.

Ten en cuenta que quien ama de esta manera no soporta lapsos muy largos sin tener contacto físico. Este tipo de persona busca cualquier excusa para acercarse a su pareja y sorprenderlo con un abrazo, una caricia o cualquier demostración de afecto. Y cuando está pasando por un momento difícil o de tristeza, es sumamente importante que le des un abrazo.

Otra característica peculiar que los destaca es que son sumamente apasionados. Para ellos hacer el amor es muy importante, no porque sea una necesidad física, más bien es una necesidad emocional. Si pasan mucho tiempo sin tener intimidad con su pareja, el dolor que sienten es tan profundo que se verán tentados a involucrarse sexualmente con otra persona.

Si este es el lenguaje principal del amor de tu cónyuge pero no es el tuyo, seguramente será un reto para ti hablar este idioma. Tal vez creciste con una familia en la que las demostraciones de amor brillaban por su ausencia y no te acostumbraste a ser expresiva. Puede parecer difícil entender este idioma pero no es imposible aprenderlo. No creas que tienes que estar como un pulpo pegada todo el tiempo a tu pareja, pero si están viendo televisión y repentinamente le tomas de la mano con sutileza, o te acurrucas por un ratito con tu amado antes de quedarse dormidos, le demostrarás una poderosa expresión de amor que lo hará sentirse amado.

A diferencia de los otros lenguajes de amor en los que tienes que emplear actos de servicio, gastar dinero, invertir tiempo de calidad o idear palabras creativas, en este lenguaje con tan solo usar tu sentido del tacto puedes hacer feliz a tu pareja. ¡Qué sencillo!

48 **Una prueba para descubrir tu manera de amar**

Descubrir el lenguaje principal del amor de tu pareja es muy importante para que haya entendimiento en la relación, pero también es imprescindible que conozcas tu propio lenguaje. Después de leer acerca de los cinco idiomas del amor —palabras de afirmación, tiempo de calidad, recibir regalos, actos de servicio y contacto físico—, algunos sabrán rápidamente con cuál se identifican, pero también habrá muchos que tendrán dudas sobre cuál idioma hablan y cuál habla su pareja.

Gary Chapman, experto en relaciones sentimentales y de quien aprendí sobre los lenguajes del amor, aconseja responder tres preguntas para descubrir cuál es el lenguaje que hablas a la hora de amar.

1 **¿Cómo expreso el amor a mi pareja?** (Fíjate en lo que haces o dices para expresar amor a tu compañero, y verás que aquello que haces por él seguramente quisieras que él lo hiciera por ti. Por ejemplo, si todo el tiempo estas diciéndole palabras dulces y motivadoras, lo más seguro es que a ti te encantaría que él hiciera lo mismo contigo. Por esta razón, lo más probable es que las palabras de afirmación sean tu lenguaje del amor.

2 **¿Qué cosas hace o deja de hacer tu pareja que te duelen profundamente?** (Lo opuesto a lo que más te duela es seguramente tu lenguaje del amor). Por ejemplo, si lo que más te duele es que tu pareja no tenga detalles contigo, seguramente tu lenguaje es el de los regalos, ya que esto sería lo opuesto.

3 **¿Qué es lo que siempre le pides a tu cónyuge?** (Lo que más pidas es probablemente lo que te hace sentir amada). Si todo el tiempo pides que sea más cariñoso y afectivo, probablemente tu lenguaje sea el contacto físico.

Las respuestas a estos interrogantes te indicarán cuál es tu lenguaje principal del amor. En caso de que dos lenguajes te parezcan familiares, eso significa que puedes ser "bilingüe". Si es así, será más fácil para tu pareja complacerte y entenderte puesto que cualquiera de la dos maneras te hará sentir amada.

Empujoncito 49

Transitando las vías del amor

La comunicación es una avenida de dos vías: una para escuchar y otra para hablar. A continuación te doy las reglas de tránsito que debes seguir en estas vías para que nunca haya un accidente o un trancón en las rutas del amor. En este empujoncito vamos a recorrer la vía de escuchar.

❌ **No lo interrumpas.** Tu amorcito tiene derecho a expresarse, así que quédate calladita, oyendo y tratando de comprender su punto de vista. No cometas el error de estar maquinando lo que vas a refutar mientras él habla, porque no entenderás lo que te está comunicando. Déjalo terminar sin interrupciones aunque no estés de acuerdo con lo que él esté diciendo. Ya te tocará tu turno de hablar y no te gustaría que tu pareja te hiciera lo mismo. Ponte en su lugar y escucha.

❌ **No te aceleres a sacar conclusiones.** Ten la mente abierta para que puedas comprender el mensaje que quiere darte. No estés juzgándolo mientras habla, más bien despéjate de prejuicios para entender qué es lo que él está tratando de transmitirte y cuáles son sus sentimientos. Para llegar a una conclusión debes tener toda la información.

❌ **No lo mates con la mirada.** A lo mejor estás calladita y escuchando atentamente lo que dice, pero tu cara y tus gestos pueden delatar lo que estás sintiendo. Si tu rostro refleja indiferencia, pero tu boca tiene una mueca de rabia, eso sería igual que no escucharlo o interrumpirlo. Una expresión facial dice más que mil palabras. Evita que tu frustración o resentimiento se refleje en tu mirada.

Empujoncito 50 — Hazte escuchar

Ya recorrimos la vía de escuchar, ahora transitemos por la vía de hablar. En este lado de la calle es fácil acelerarse y perder el control, ya que en vez de dialogar puedes ponerte a pelear y hasta ofender a tu pareja. En esta vía puedes expresar todo lo que sientas pero nunca uses un lenguaje despectivo. Cuando usas palabras ofensivas, tu pareja estará reacia a escuchar tu opinión. Por ejemplo, si le dices que es un vago porque no te ayuda en la casa, será un ataque a su persona, ya que lo estás etiquetando negativamente. En vez de llamarlo vago, mejor dile cómo te hace sentir su comportamiento: "Cuando no me ayudas con las tareas del hogar, me siento abandonada y usada".

A continuación te muestro otros ejemplos de comunicación efectiva en la que tu pareja va a estar más dispuesta a escuchar tu petición o queja.

❌ **En vez de decir:**

"Eres un tacaño, nunca me llevas a ningún lado".

✅ **Dile:**

"Cuando no eres espléndido conmigo, siento que no valgo nada para ti".

❌ **En vez de decir:**

"Eres un despilfarrador y botarata".

✅ **Dile:**

"Cuando gastas tanto dinero siento que no te importa nuestra familia".

❌ **En vez de decir:**

"Eres un celoso e inseguro".

✅ **Dile:**

"Cuando desconfías de mí siento que no aprecias mi lealtad".

❌ **En vez de decir:**

"Eres un terco".

✅ **Dile:**

"Cuando eres inflexible conmigo, siento que no valoras mi opinión".

Voy a cerrar este empujoncito con las sabias palabras de mi amigo y colega Ismael Cala. Todas las noches al acabar su programa de televisión, se despide de su audiencia con estas frase: "El secreto del buen hablar está en saber escuchar".

51 Tres preguntas prohibidas

Imagina que estás en una velada romántica con tu prometido. Ambos están relajados viendo la luna llena y están teniendo una conversación amena mientras disfrutan de un delicioso vino. De repente te sientes tan conectada que te da la curiosidad de saber más de él y de su pasado amoroso.

En ese momento tan íntimo, ¿crees que tienes el derecho de preguntarle a tu pareja lo que quieras? Seguramente vas a decir: "¡Por supuesto!, tengo derecho a preguntarle lo que sea; mi pareja no me debe esconder nada". En esta declaración hay mucha verdad, pues en una relación debe haber confianza y se supone que puedas hablar de todo con tu amado. Sin embargo, hay ciertas preguntas que tú jamás debes hacerle a un hombre porque solo traerán inseguridades y celos a tu relación.

1 **¿Con cuántas mujeres has estado?** Esta es una pregunta muy indiscreta. Imagina que fuera él quien te sorprende: "¿Mi reina, con cuántos hombres te has acostado?". Seguramente te quedarías fría: "Dios mío, qué le digo, ojalá que no me agarre en la mentirota que voy a soltar". De igual manera, para él también es incómodo y evitará decir la verdad con una mentira absurda: "Mi vida, solo tú has sido la afortunada de tenerme". Y si insistes, tal vez dirá: "Los caballeros no

tienen memoria". La realidad es que los hombres siempre mienten a esta pregunta, y no solo contigo sino con todo el mundo. Cuando están entre amigos exageran para impresionarlos: "Me he llevado a la cama a más de 300 mujeres".

¡Ojo! Si tienes la mala suerte de que sea sincero contigo y responda tu inapropiada pregunta, sin duda te asustarás y te volverá loca de celos al pensar que tu amorcito pueda ser mujeriego. Así que deja de averiguar, recuerda: "La curiosidad mató al gato".

2 **¿De mis amigas, cuál es la más bonita?** Esta pregunta no le favorece a ninguna mujer, más bien te hace lucir celosa o insegura. Detrás de esa pregunta hay un deseo de que tu pareja te valide y te diga que tú eres la más bella. Aunque te diga que ninguna de tus amigas le gusta, que tú eres la más bonita, no se lo vas a creer, a menos que tengas una sola amiga y esta sea bizca, calva, con granos y sin dientes. Pero si tienes varias amigas, como comúnmente sucede y a él se le ocurre señalarte cuál es la más guapa, desde ese momento cada vez que te encuentres con ella y él esté presente, no podrás evitar pensar que tu amorcito esta teniendo pensamientos eróticos sobre ella. Como puedes ver, la respuesta a esta pregunta no ayuda en nada a tu relación.

3 **¿Amaste mucho a tu ex?** Y yo te pregunto a ti antes de que le vayas a hacer esta pregunta al hombre que tú amas: ¿Para qué quieres enterarte? Te imaginas que te diga: "A esa mujer la amé con locura, fui esplendido con ella, la colmé de regalos, la llevé a los mejores lugares y al final resultó ser una bandida que me engañó". Al oír algo como esto, querrás "cortarte las venas" y te angustiarás pensando que tal vez nunca llegue a amarte tanto como a ella. Por el contrario, si te dice que no la amaba, empezarás a buscarle "la quinta pata al gato", preguntándote por qué estuvo con ella tanto tiempo si no la amaba y dudarás si a ti sencillamente te quiere, pero tampoco te ama. Esta pregunta refleja temor a que todavía la ex ocupe un lugar especial en el corazón de tu pareja, pero es absurdo tener cualquier tipo de celos sobre ella pues eres tú quien está ahora con él.

Obtener las respuestas a estas preguntas, sin duda es información jugosa que satisface tu curiosidad, pero realmente no aporta nada bueno a tu relación. Más bien puede afectarla porque te crea inseguridades. Además, ten en cuenta que los hombres son más reservados que nosotras y se sienten incómodos al hablar de temas sentimentales. Ellos necesitan tiempo para abrir su corazón. Por eso, sé discreta: Un hombre te contará todo lo que necesites saber a su debido tiempo. Si quieres tener una relación armoniosa y sólida, por favor, no le hagas estas tres preguntas al hombre que amas.

Empujoncito 52
Enséñale tus "reglas"

Ya sabes las preguntas que nunca debes hacerle a tu pareja. Pero qué tal si es él quien te hace una pregunta indiscreta: ¿Por qué acabó tu última relación?, ¿con cuántas personas te has ido a la cama?, ¿alguna vez has sido infiel?, ¿cómo era tu ex en la cama?

Cuando empiezas a oír esas preguntas se te ponen los nervios de punta, especialmente si es al principio de una relación amorosa. Por ejemplo, si te pregunta cómo era tu ex en la intimidad y tú le respondes que era muy bueno, en ese preciso instante le habrás herido su ego masculino de por vida. Y si, por el contrario, le dices que era terrible en la cama, tampoco estaría contento porque podría pensar: "Si el hombre era tan malo en el sexo, ¿por qué se quedó con él?; a lo mejor yo soy igual de malo y sigue conmigo".

Entonces, ¿qué puedes hacer cuando te toque responder una de estas preguntas "imprudentes"? Guarda la calma y utiliza la táctica de "la regla". Este método es muy efectivo para evitar que alguien indague sobre un tema que no quieras abordar. Consiste en declarar que tienes una regla que rige tu vida: "En mis relaciones amorosas tengo la regla de no hablar sobre mi pasado sentimental; espero que me entiendas y respetes esta regla".

Todos sabemos que las reglas no se hicieron para romperse, sino para establecer parámetros de justicia y orden. Por eso, tu pretendiente o nueva pareja se sentirá incómodo de insistir en que vayas en contra de tus principios. Esta respuesta le pondría un alto al tráfico de preguntas que te incomodan y no quieres responder, ya sea porque las consideras imprudentes, o porque para ti todavía no es el momento de compartirlas con el ser amado, o porque crees que no hay que compartirlas nunca.

Solo una persona insensata te pediría que rompas una regla. Y si lo hace, huye de esa persona porque es una señal de que es metiche e inseguro. Si al principio de la relación te pide que hagas cosas en contra de tus principios, ¿qué no te pedirá cuando tenga más confianza?

No lo compares

Cuando yo estaba en la escuela secundaria, tenía una amiga encantadora que se llamaba Yadira; era alta, flaca y tenía una hermosa cabellera negra azabache. Mucha gente creía que ella era una creída porque caminaba con la frente en alto y echaba la cabeza hacia atrás. Lo que nadie sabía es que Yadira lo hacia porque tenia la nariz tan grande y larga que esta postura disimulaba el tamaño de su nariz. Me enteré de su estrategia porque ella me lo dijo.

—¿Por qué siempre caminas así? —le pregunté al mismo tiempo que imitaba su postura.

—Es que tengo la nariz muy grande y si inclino la cabeza un poco hacia atrás, la gente no lo nota —me explicó su truco de belleza mientras movía su cabeza hacia abajo y luego hacia atrás para que yo viera la diferencia.

—Es cierto, se ve más pequeña—le dije asombrada—. ¡Pero los huecos de la nariz se te ven más grandes!

—No importa, prefiero eso a verme narizona —aseguró a la vez que respingaba la nariz.

Un día al salir de la escuela fuimos juntas a mi casa a estudiar para un examen. Cuando entramos a la sala me encontré con mi tía Nydia, quien estaba de visita.

—Hola, tía, ¿cómo estás? ¿Te acuerdas de mi amiga Yadira?

—¡Por supuesto!, ¿cómo me voy a olvidar de esa nariz? —dijo en tono jocoso.

¡Quería matarla! Cómo era capaz de hacer un comentario tan hiriente como ese. La pobre Yadira cambió su semblante automáticamente y hasta agachó la cabeza, algo que nunca hacía pues la nariz se le veía más grande desde ese ángulo.

Realmente mi tía no lo hizo con mala intención pero habló sin pensar y sin darse cuenta de que ofendía a mi amiga, quien no dijo nada en el momento pero nunca más volvió a mi casa.

Así como mi tía, todos en algún momento hemos hablado sin pensar. Tal vez no tan directo como lo hizo ella, pero hemos ofendido a otro con un comentario que no fue intencional.

Esto es algo que también sucede en las relaciones amorosas, donde sin darnos cuenta ofendemos a nuestra pareja. Sobre todo las mujeres, y lo hacemos porque pensamos que los hombres son muy "machos" y pueden aguantar cualquier crítica ya que no son tan sensibles como nosotras.

Por ejemplo, uno de los errores que cometen las mujeres, sin ser conscientes de ello, es comparar a su pareja con otro. Si tu marido tiene un trabajo modesto en el que no gana mucho dinero, no le digas: "¡Qué suerte tuvo mi prima, que se consiguió un doctor que gana un dineral!". Aunque no hiciste el comentario para humillarlo, solo estás feliz por tu prima, pero lo que tu marido escuchó fue: "Ojalá yo me hubiera conseguido un millonario y no un muerto de hambre como tú". O si el esposo de tu vecina es un *Mr. Mom* de esos que cocinan, limpian la casa y cuidan los niños, no se te ocurra decir: "Mi vecina es la mujer más afortunada del mundo, tiene el hombre que toda mujer desea". Te aseguro que un inocente comentario como este, él lo interpretará como: "No eres lo que yo quería para mi vida... en vez de fijarme en ti, debí haberme fijado en otro". Aunque se quede calladito y no proteste, internamente siente que tú no lo admiras como él desearía. Incluso, ten cuidado hasta cuando estés viendo televisión y comentes sobre un atractivo actor: "¡Guau! Leonardo DiCaprio está como me lo recomendó el doctor, se ve divino en esta película". Tal vez tu pareja no diga nada, pero sin duda pensará: "Creo que, físicamente, no le atraigo tanto a mi mujer, y lo más seguro es que me ponga un cuerno con cualquier guapo que la pretenda".

Cuando alabas a otros frente a tu pareja, él lo toma como una crítica personal. El ego de los caballeros es tan delicado que cualquier comentario positivo acerca de otro hombre los hace sentir inferiores.

Si quieres mejorar la relación con tu pareja, no seas como mi tía, que abre la boca sin pensar. De ahora en adelante, en vez de criticarlo, ¡comienza a admirarlo!

Empujoncito

54 Tu pareja no es culpable hasta que se demuestre lo contrario

Mi segundo libro se titula *Pide más, espera más y obtendrás más*; en él hablo sobre el arte de negociar y explico las siete reglas para obtener lo que deseas en la vida. En la regla #5, "Pon a prueba tus suposiciones", revelo que casi siempre que las personas van a pedir algo hacen suposiciones negativas: "El cliente no me va a comprar mi producto porque está muy caro", "mi jefe no me va a dar el aumento porque la economía no esta buena", "en esta tienda no me vas a dar descuento porque no es la costumbre". Estas son suposiciones que muchos hacen sin tener pruebas de que el resultado será como ellos imaginan. Una suposición no siempre tiene premisas válidas. Ten cuidado porque al hacer suposiciones erróneas puedes provocar consecuencias que te perjudiquen.

Este error de suponer una realidad negativa sin tener pruebas es muy común, no solo en los negocios sino también en el amor, en cuyo caso siempre deducimos lo peor. Así le pasó a mi amiga Alejandra por creerse su propio cuento.

—Llevo más de una hora llamándote y enviándote textos y no contestas, y ahora te apareces así de fresco como si no hubiera pasado nada; sabrá Dios por dónde andabas, la verdad es que no tienes vergüenza... —dice Alejandra furiosa con los boletos del cine en la mano, frente al teatro donde van a ver la película *Gravity*.

—Mi amor, deja te explico... —dice el novio mientras se le acerca a darle un beso.

—No vengas con besitos ahora, vamos a entrar a ver la película aunque ya ni ganas tengo. Si no fuera porque voy a ver a George Clooney y porque ya compré los boletos, no lo toleraría y me iría —refuta y lo empuja hacia atrás para que no pueda acercarse a ella.

—Mi amor, lo que pasó fue que... —trata de explicarle, pero ella no lo deja acabar la oración.

—"Mi amor, ¡nada!" —lo interrumpe ella abruptamente y continua caminando.

—Pero... déjame explicarte —le implora.

—Pero *nada*, y cállate que ya va a empezar la película —le ordena con desprecio y enfurecida tras echarse una palomita de maíz a la boca.

Cuando salieron del teatro, cada vez que él le iba a explicar lo que había pasado, ella saltaba con otra pelea. Finalmente el hombre se cansó de su actitud hostil y le dijo molesto en un tono más subido:

—Arruinaste esta cita por nada. Yo no estaba haciendo nada malo como supones. Antes de llegar al cine pasé por casa de tu mamá para mostrarle el anillo de compromiso que te pensaba regalar la próxima semana y el celular se me quedó en casa de tu madre. Si no me crees, ¡puedes llamarla ahora mismo y verificar!

"¡Trágame tierra!", pensó mi amiga. Desde entonces aprendió a no llegar a conclusiones sin averiguar antes qué ha ocurrido realmente.

A veces un conflicto se puede iniciar con tan solo una suposición. No deduzcas que si tu pareja se retrasó o llegó tarde es porque estaba con otra mujer. Tampoco te imagines que si está muy callado es porque está enojado contigo, o si hoy no tiene deseos de hacer el amor es porque ya no te desea. Siempre dale el beneficio de la duda hasta que puedas comprobar lo contrario.

No confíes ciegamente en tus suposiciones, siempre ponlas a prueba; aplica el principio de la justicia que reza que nadie es culpable hasta que se demuestre lo contrario. Las situaciones no son necesariamente como las percibes. Puedes pensar que algo te está perjudicando cuando en realidad te está beneficiando.

Empujoncito 55

Cinco cosas que jamás debes decir en una pelea

Una vez fui a cenar con mi primo y su esposa, quienes vinieron a visitarme de Nueva York. Como aperitivo pedimos unas cebollitas empanizadas. El mesero cometió un error y nos trajo calamares empanizados, los cuales en apariencia son muy parecidos a las cebollitas, pero saben completamente diferente. El mesero pidió disculpas y, mientras retiraba el plato, mi primo le dijo en broma: "Oye, chico, ¡no te los lleves que se ven buenos!". El camarero se rio, retiró la bandeja y se llevó los calamares a la mesa de al lado, donde había una pareja que los había ordenado. Claramente pudimos oír cuando el caballero le dijo al mesero en un tono déspota: "Esos calamares ya le dieron la vuelta al restaurante, que mal servicio tiene aquí, ya no los quiero... ¡lléveselos!".

La novia de este individuo trató de calmarlo: "No es para tanto, mi amor, tengo hambre, no los devuelvas". Él se llevó el dedo índice a los labios y de una manera grosera hizo un gesto para indicarle que guardara silencio: "¡Shhhhhhhhh! ¡Cállate la boca!".

La mujer quedó fría y no dijo ni pío, pero muy indignada se levantó de la mesa, tomó su cartera y salió del restaurante. Todos los que presenciamos esta escena, incluyendo el mesero, pensamos lo mismo: "Bien hecho, mujer, se lo merece".

Las palabras de este malcriado y el tono que usó fueron tan hirientes que obligaron a la mujer a irse del restaurante, y tal vez a irse de la vida de este hombre para siempre.

Al igual que este señor, tú también has pasado por una situación en la que tu pareja te saca de tus casillas. Y en esos momentos quisieras decirle con rabia: "¡Eres un animal, te voy a sacar cita con el veterinario!".

Es fácil perder el control en un momento de cólera y decir cosas que nunca hubieras mencionado en otro momento. Cuando llegan estas riñas, en vez de insultar, tienes que aprender a "morderte la lengua" y no decir algo que puede perjudicar tu relación para siempre.

Mi propósito con este empujoncito es alertarte sobre aquellas palabras o frases que, independientemente de cuán enojada estés y cuántas ganas tengas de estrangular a tu amorcito, son frases o expresiones que nunca deben salir de tu boca, y menos en medio de una pelea.

Es muy fácil cruzar la fina línea divisoria que hay entre el respeto y el maltrato: *jamás* menciones las siguientes palabras ni cruces las líneas que se enuncian a continuación.

❌ **Usar calificativos ofensivos.** Lo más común, cuando carecemos de argumentos en una pelea, es buscar algún calificativo ofensivo: estúpido, zángano, anormal, retrasado metal, desgraciado, perro sarnoso, maldito, ignorante, tarado, idiota, malparido, hijo de puta, pendejo, maricón.... Te confieso que solo el escribir estas palabras tan fuertes me causa vergüenza. Sin embargo, lo hago para que te des cuenta que con tan solo verlas escritas crean una mala impresión en ti, así que imagina el daño que causan a alguien que las recibe de su pareja.

Las palabras son como clavos: después de que se disparan al alma, aunque luego los quieras sacar con una disculpa, siempre dejan su huella. Sé consciente del poder destructivo de estos calificativos y nunca los uses.

Mandar a callar. "¡Cállate la boca!". Esta orden, no importa de quien venga, es sumamente ofensiva. La razón por la que alguien se encoleriza cuando lo tratan de callar es porque en ese momento le estás quitando la oportunidad a expresar su opinión y su sentir, un derecho que todo ser humano atesora. Cuando mandas a callar a tu pareja, lo último que hará será enmudecer; por el contrario, solo echarás más leña al fuego. Si no quieres escuchar lo que el otro está diciendo, en vez de mandarlo a callar te aconsejo hablarle en plural e incluirte en tu petición: bajemos el tono, calmémonos, vamos a tranquilizarnos. Estas frases le dan a entender que quieres hacer las paces, y en vez de empeorar la pelea, serás parte de la solución.

Sacar a relucir a la familia. No se te ocurra en medio de una pelea involucrar a la familia de tu pareja con comentarios ofensivos: "Eres igualito de insoportable que tu mamá, de tal palo tal astilla", "vas a terminar como el fracasado de tu hermano", "eres tan borracho como tu papá". Traer a relucir a la familia en una pelea es ofensivo. Todos sabemos lo que duele que se metan con las personas que más queremos. No es justo que ahora tu pareja no solo tenga que defenderse él, sino que ahora también tiene que defender a su familia. No hagas a otro lo que no te gusta que te hagan a ti. Además, la familia de tu pareja no tiene velas en ese entierro.

✖ Ignorar. Hay veces que ignorar puede ofender más que unas palabras fuera de lugar. Son muchas las personas que a la hora de un desacuerdo, en vez de usar calificativos, mandar a callar o sacar a relucir a la familia, optan por ignorar. Por ejemplo, se tapan los oídos y con una actitud desafiante comienzan a repetir: "No oigo nada, no oigo nada, tengo oídos de pescado", o sencillamente empiezan a cantar en voz alta al son de un merengue, "lala-lala-lala-lala-lala-lala-lala".

Cuando hay un enojo, la otra persona siente que hubo una injusticia y quiere ser escuchado, pero cuando lo ignoras es peor que darle un bofetón. Quienes practican este comportamiento, demuestran inmadurez e incapacidad para dialogar. En vez de ignorar, vas a negociar: "Te voy a escuchar, aunque no esté de acuerdo con lo que dices, pero luego quiero que tú me escuches a mí". Esto le demuestra que estás dispuesta a escuchar con la condición de que te escuche a ti también.

✖ Amenazar: "Me voy a largar", "No quiero volver a verte, esto se acabó", "Me voy a llevar a los niños y no los vas a volver a ver nunca". Estas son algunas amenazas que usan las mujeres en medio de una discusión cuando quieren asustar a su pareja y ganar el control del debate. A menos que no estés lista para cumplir esta amenaza, no la hagas porque creas inseguridad y desconfianza en tu pareja, y esto deteriora en gran manera la relación. Además, poco a poco pierdes credibilidad, porque, como dice este conocido refrán: "Perro que ladra no muerde"

Por más entendimiento que haya en una pareja, siempre va a haber desacuerdos, conflictos y diferencias. Eso es normal, pero muchos consejeros matrimoniales aseguran que lo que determinará si permanecerán juntos es la forma en que manejen sus conflictos. Si deseas tener una relación armoniosa y duradera, ¡cuida tu lengua!

56 **Prohibido dar golpes bajos**

Cuando en el cuadrilátero un boxeador le da a otro por debajo del cinturón, se le llama *golpe bajo,* el cual es ilegal y puede llevar a la descalificación del boxeador. En las discusiones amorosas también hay quienes dan "golpes bajos". A este tema le quiero dedicar un empujoncito, porque además de ser uno de los causantes de resentimientos más grandes en una pareja, sus consecuencias dejan profundas heridas igual que en un ring de boxeo.

¿Cuándo das un golpe bajo? Digamos que tu pareja te contó en un momento de mucha intimidad entre ustedes un secreto que nunca le ha dicho a nadie porque es algo muy íntimo y personal, de lo cual no se siente orgulloso pero quería sacárselo del corazón y te lo reveló porque confía en ti. Entonces, un día en medio de una discusión acalorada ¡puaff!, tú lo sacas a relucir y se lo echas en cara.

—¿Cómo es posible que no depositaras todo el dinero en la cuenta? ¡Ahora estamos sobregirados y van a rebotar todos los cheques! —dice la esposa histérica.

—Es que se dañó el radiador del auto y tuve que llevarlo al mecánico y no tenía ni un centavo, así que tuve que usar del dinero que me diste para repararlo —explica el hombre tratando de disculparse.

—Es el colmo que te atrevas a usar el dinero del alquiler para arreglar tu carro —grita la mujer enfurecida.

—Tranquila, no tienes que alterarte de esa manera, en dos días cobro y pago lo que debemos —le aseguró tratando de calmarla.

—Esta no es la primera vez que actúas irresponsablemente. Por esta misma razón fue que te echaron de aquel trabajo tan bueno que tenías. Tú mismo me confesaste que te atreviste a usar sin permiso el dinero de la compañía y por eso te corrieron como a un ladrón —refuta colérica la esposa sin darse cuenta del daño que sus palabras iban a causar.

—¿Cómo es posible que me eches eso en cara en este momento? Tú bien sabes lo arrepentido que estoy del error que cometí. ¿Por qué me das este golpe bajo? —responde el esposo, herido y avergonzado.

Al sacar en una discusión un secreto íntimo que tu pareja te haya confesado, lo que estás haciendo es ¡traicionarlo! ¡Sí, así mismo! Estás traicionando la confianza que él depositó en ti al contarte un detalle tan personal, bien sea de su familia o de su pasado, y que de alguna manera no es algo de lo cual él se vanagloria.

Imagínate que él te lo haga a ti. En medio de una discusión te grita: "¡Eres interesada igual que tu mamá!". Todo porque un día tú le contaste que tu mamá se decidió por tu papá porque era un hombre trabajador, generoso y proveedor, pero que en realidad el amor de su vida había sido otro hombre.

Entonces un secreto íntimo de tu familia, que tú compartiste en momentos de intimidad emocional, ahora puede ser usado en tu contra para herirte. ¿Acaso no sientes que te han dado un golpe bajo? ¡Por supuesto! Aunque el golpe no fue físico, un golpe emocional puede causar un dolor tan grande que hasta puede manifestarse físicamente, por lo que no te extrañe si luego te duele el pecho, el estómago o te da una jaqueca intensa. Los golpes bajos dejan terribles secuelas, como la desconfianza, el resentimiento y el rencor.

Lo más lindo que puedes vivir en pareja es alcanzar la confianza absoluta donde ambos comparten sus sueños, sus miedos, sus fantasías, sus preocupaciones y, por supuesto, sus secretos. Jamás pongas en juego algo tan valioso solo por un momento de coraje.

Empujoncito 57

¡La cama no es un campo de batalla!

Hay veces que en las relaciones amorosas comenzamos discutiendo por algo insignificante y terminamos en una guerra. En ocasiones los disgustos pueden durar horas, días ¡y hasta semanas! No hay nada que perjudique más una relación que extender el silencio, la indiferencia y el resentimiento que ocasiona un conflicto. Cuando permaneces alejada de tu amado por un tiempo prolongado, estás deteriorando tu relación poco a poco. Por eso yo quiero dedicar este empujoncito a uno de los consejos matrimoniales más sabios y antiguos que existen. Sin duda lo has escuchado antes, pero tal vez has hecho caso omiso de él. Quiero alentarte a que de ahora en adelante lo pongas en práctica porque está comprobado que las parejas que lo usan permanecen juntas. El valioso consejo para ti y tu amado es este: *jamás se vayan a la cama enojados.*

Evita por todo los medios irte a dormir estando enojada con tu pareja. Si algo los tiene molestos, háblenlo antes de ir a la cama. Pero si el conflicto es algo complicado y piensas que no puedes resolverlo antes de apagar la luz, al menos dile: "Estoy dolida pero no me quiero dormir sin antes decirte buenas noches... que descanses".

A menos que no sea un problema de gran envergadura, como una infidelidad, un abuso o te enteraste que se gastó en el casino todos los ahorros que tenían, procura resolver tus diferencias en menos de 24 horas.

Cómo comunicarte mejor con tu pareja... según su signo

Por Alicia Morandi

Como has visto en este capítulo, la comunicación en la pareja es como una negociación sentimental vital para lograr acuerdos, y que en el mejor de los casos, las dos partes salgan ganando. María Marín te explicó cuáles son los distintos tipos de lenguaje que existen en el amor y cómo podrías aprender a hablar el mismo idioma de tu pareja para tener una relación sana y duradera. Es que a veces comunicarle a tu pareja un deseo, una idea, un pedido, una noticia, un reclamo, se convierte en todo un desafío. Para que tengas aún más herramientas, te cuento cómo la astrología puede ser tu aliada. Veamos entonces cómo el signo zodiacal de tu pareja influye en la forma de comunicarse con el fin de obtener excelentes resultados, sin que nadie se rinda en el intento.

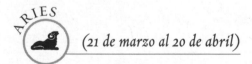 *(21 de marzo al 20 de abril)*

Por su naturaleza independiente, frontal, energética y con necesidad de llamar la atención, con un ariano debes comunicarte sin rodeos desde el principio, francamente, directamente, sin "envoltorios". Hazlo sentir que él será quien finalmente tome la decisión, aunque esto no sea tan así. Eso sí, enfatiza sus logros, porque el orgullo de Aries radica en su esfuerzo y valentía en terminar proyectos. Para que la comunicación con él sea más efectiva cuando discuten algún problema relacionado con la pareja, déjalo que él proponga primero las soluciones, y después de escucharlo con atención, empieza a eliminar las que no te parecen hasta hallar la más adecuada. Trata de ser directa cuando te toca a ti expresarte, y especialmente, de no repetir errores del pasado. Aries tiene muy buena memoria para registrarlos, y puede que te los eche en cara y entorpezca la comunicación. Este signo de fuego se enfada rápida y explosivamente cuando lo atacan o desafían. Puede llegar incluso a violentarse. Si tú mantienes la calma, se aplacará tan rápidamente como se prendió. Lo bueno es que será el primero en pedir perdón. En general, con un ariano puedes comunicarte mejor al aire libre; si es posible, rodeados de paisajes naturales que si incluyen cascadas, rápidas corrientes de agua, árboles gigantes, será mucho mejor.

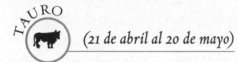 **TAURO** *(21 de abril al 20 de mayo)*

Pocos le ganan a un taurino en perseverancia y compromiso cuando se proponen algo, pero también son de los más cabeciduros del zodiaco, así que cuidadito cómo te comunicas con él. Ármate de paciencia cuando "negocias" con un taurino; no lo presiones ni esperes que dé el brazo a torcer. Aunque tú tengas la razón, él te hará sentir que no es tan así. Y ni se te ocurra acusarlo de algo infundado ni sacar a luz errores que cometió tiempo atrás. Esto podría cerrar las vías de comunicación, enojarlo muchísimo y despertar su deseo de revancha. Debes presentarle tus opiniones de una manera positiva y segura, sin titubeos, porque estos exasperan a un taurino. A este signo le gusta tener el control de sus emociones, así que no explotará muy a menudo, pero cuando lo hace, más vale que lo dejes solo hasta que se le pase. En tanto que lo que te ayudará a comunicarte mejor con él es halagarlo; destacar sus virtudes y si es posible llevarlo a un lugar elegante, o a un restaurante de calidad con deliciosos platillos y un excelente vino. El buen comer suele ser la debilidad de este signo de Tierra.

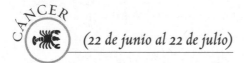

GÉMINIS *(21 de mayo al 21 de junio)*

A pesar de ser muy comunicativo, tu compañero geminiano puede ser escurridizo al momento de tenerlo frente a frente para conversar y llegar a un acuerdo. Y si están tratando de resolver un problema de la pareja, tú deberías proponerle no una, sino varias soluciones creativas, y que sea él quien decida cuál escoger. Este signo de Aire puede llegar a ser extremadamente hablador, y al mismo tiempo aburrirse precipitadamente en una conversación. Por eso trata de ayudarlo a enfocarse; pídele que te preste atención porque es importante lo que vas a decirle. Y no olvides el sentido del humor, porque sin este, pierdes en un segundo la atención de un geminiano. Eso sí, sé flexible porque si se siente acorralado va a decirte lo que tú deseas escuchar aunque esto verdaderamente no sea lo que él esté sintiendo. No es frecuente que se enoje porque no suele tomarse a pecho los conflictos personales. Ante una pelea prefiere retroceder a enfrentarla, usando su encanto y habilidad para que nadie se sienta ofendido. Sin embargo, también hay algunas ocasiones en las que pierde la calma, y sí que sabe gritar cuando esto sucede, disparando una artillería de palabras hirientes difíciles de olvidar. Si quieres lograr una comunicación efectiva con tu geminiano, busca en lo posible un lugar divertido, con gente alrededor y música variada para lograr una buena negociación sentimental.

CÁNCER *(22 de junio al 22 de julio)*

Por su naturaleza sensible y solidaria, al canceriano háblale con voz afable, suave y comprensiva. La comunicación entre ustedes debe basarse más que nada en un mutuo interés por unir y no por separar, tanto sea en temas relacionados con la familia, economía doméstica, responsabilidades en el hogar. Si eres demasiado directa o incluso un tanto agresiva, te cerrará automáticamente la puerta de la comunicación. No lo presiones a tomar decisiones en una sola conversación; mejor dale tiempo para que conecte lo que tú le estás planteando con sus sentimientos. Este signo de Agua es expresivo con sus palabras y cuerpo, así que te resultará bastante sencillo "leer" sus emociones y saber por dónde llevar la conversación sin herirlo. A Cáncer no le gustan las peleas y en realidad prefiere alejarse que enfrentarlas. Por lo general va a procurar controlar sus emociones, pero muchas veces estas salen a la luz porque al ser tan expresivo todo su cuerpo habla de lo que está sintiendo. El mejor lugar para comenzar una comunicación fluida con un canceriano es un restaurante romántico o familiar.

LEO
(23 de julio al 22 de agosto)

Si tu pareja es un leonino, prepárate bien para lograr una buena comunicación porque tiene el orgullo a flor de piel. Ni se te ocurra herírselo. La mejor manera de iniciar una "negociación sentimental" con él es reconociendo y halagando con sinceridad sus virtudes y logros. Este signo de Fuego necesita sentirse respetado y querido, y si eso ocurre se saca esa "coraza" de que "yo no necesito de nadie", "me las arreglo solo", con la que suelen cubrir su noble corazón y sensibilidad. Háblale con cortesía y claridad del tema que quieras tratar con él, y a la vez gánate su respeto con argumentos sólidos, sin contradicciones ni sentimentalismos; muéstrale tu parte fuerte y no la débil. A Leo no le gustan las personas que se creen o se hacen las víctimas. Leo controla bien sus emociones porque no le gusta hacer escenas ni quedar en ridículo, pero si siente que te estás burlando de él o no lo estás tomando en serio, no tendrá piedad ni te dará tregua, por más que te quiera. Para lograr con tu leonino una buena comunicación, en la conversación que mantengan enfócate más en las soluciones que en los problemas; muéstrate positiva y confiada. Un lugar luminoso es un buen escenario para lograr esa comunicación que tanto deseas.

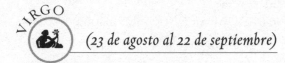

VIRGO

(23 de agosto al 22 de septiembre)

Para conseguir una buena comunicación con tu virginiano no lo juzgues y escúchalo con mucha atención y empatía; de este modo se relajará y podrá expresar más abiertamente lo que siente. Su naturaleza analítica, organizada y detallista hace que con él la comunicación requiera argumentos concretos y objetivos sin sentimentalismos; hechos y no solo palabras. Le gusta que le pongan ejemplos para visualizar mejor el tema que se está conversando. Cuando toma una decisión, lo hace con base en aspectos prácticos: Esto me sirve o no me sirve. Así que tú debes mostrarle que tu punto de vista sirve. El virginiano puede llegar a ser muy ansioso, por lo que suele discutir demasiado los pequeños detalles. No le sigas la corriente, solamente escúchalo y cuando sea tu turno para hablar, hazlo en forma simplificada y concisa y enfócate en el resultado final. Como este signo de Tierra es tan exigente consigo mismo y con los demás, no te sorprenda que te critique, pero no lo hace por mal, así que no dejes que esto afecte la comunicación entre ustedes. Lo bueno es que el virginiano trata todo el tiempo de controlar sus emociones. Pero si no lo logra, le dan rabietas que pueden llevarlo a tirar y romper cosas. Un sitio tranquilo, privado, con detalles personales motivan al virginiano a abrirse a una estupenda comunicación con su pareja.

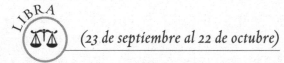

LIBRA

(23 de septiembre al 22 de octubre)

Por su naturaleza conciliadora y su vocación para dar consejos, a tu libriano no lo trates agresivamente, ni tampoco lo presiones a que te responda rápidamente o a que tome decisiones instantáneas. Mejor tú plantéale varias soluciones u opciones, y seguro que elegirá la que más le convenga a los dos. Porque Libra trata siempre de ser justo y buscar el beneficio para ambos a través del diálogo y el entendimiento. Este signo de Aire sabe "ponerse en los zapatos del otro". Aprovecha esto. Sin embargo, puede que se impaciente si la comunicación no conduce a acuerdos, y comience a hablar rápidamente y a decir cosas hirientes, de las que seguro luego se arrepentirá. Si te pide perdón no se lo niegues porque podrías romperle el corazón y dificultar la comunicación a futuro. No lo ridiculices en público y siempre trátalo con tacto y delicadeza. Les gusta la comunicación sin violencia y que haya un jugoso intercambio de ideas. El mejor sitio para comunicarte con tu libriano es donde estén presentes el arte y la armonía.

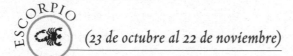

ESCORPIO *(23 de octubre al 22 de noviembre)*

Tu escorpiano es muy intuitivo, así que no le escondas nada porque seguro que se dará cuenta enseguida, y entonces le resultará difícil abrirse contigo a una comunicación positiva. Y ni qué hablar si te descubre en una mentira. No le propongas cosas en forma directa, es mejor que se las sugieras. Él mismo no te dirá todo lo que piensa; se guardará mucho para sí mismo, y lo sacará en el momento que menos te lo esperas. Escorpio es tenaz, impaciente, ambicioso y no acepta un no como respuesta. Así que esmérate en elaborar tus respuestas. Si bien no le gusta llamar la atención, cuando se enoja puede llegar a provocar un escándalo en público, así que mejor, si tienes que hablar con él de cosas poco agradables, no lo hagas en un lugar con mucha gente. Su apasionamiento puede llevarlo a amenazar la comunicación si siente que lo estás atacando injustamente. La buena noticia es que este signo de Agua por lo general florece y se hace más fuerte en las situaciones más difíciles, por lo tanto, si la comunicación entre ustedes está muy deteriorada, es probable que él encuentre la manera de resucitarla. Podría ser muy provechoso si se reúnen a platicar en un lugar donde haya media luz y que desborde intimidad.

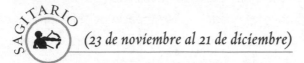 *(23 de noviembre al 21 de diciembre)*

Si de comunicación se trata, preséntale a tu sagitariano tus propuestas como una oportunidad para lograr algo mejor. No lleves la conversación con mucha gravedad, más bien ríe y sonríe a menudo para aligerar el peso de las palabras. Si mantienes una comunicación transparente, optimista, animada, tendrás buenos resultados. Pon atención a sus gestos más que a sus palabras, porque este signo de Fuego es muy expresivo y quizás su lenguaje corporal sea el que mejor refleje lo que está sintiendo. Eso sí, evita los gritos porque estos lo vuelven más intransigente. Aunque es espontáneo, se tomará su tiempo para tomar decisiones importantes, así que ni se te ocurra presionarlo. En la conversación no lo pongas entre la espada y la pared porque, como le cuesta decir que no, siente la necesidad de justificar sus decisiones y no podrán llegar a acuerdos que los beneficien a ambos. Si tu sagitariano se enoja, cálmate tú para poder aclarar las cosas, porque no le cuesta nada romper sus relaciones y seguir su vida como si nada hubiera pasado. Reúnanse en un lugar abierto, despejado, iluminado, porque Sagitario necesita espacio libre para funcionar mejor.

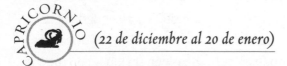 *(22 de diciembre al 20 de enero)*

Por su naturaleza reservada, no es fácil saber qué siente, así que la comunicación con tu capricorniano puede resultar difícil al principio. Él controla sus emociones al punto que puede parecer frío, pero en su interior es cariñoso y sentimental; ten esto en mente y no te frustres creyendo que no presta atención a lo que le dices. Ármate de paciencia, háblale con claridad y ternura a la vez, y confía en que él pondrá todo de su parte para hallar una solución adecuada al problema. Este signo de Tierra por lo general se siente responsable de todo y todos, por lo tanto no le gusta improvisar. Para él la comunicación requiere un plan meticulosamente elaborado y que arroje resultados. Tú también vete preparada si no quieres perder territorio en la conversación con tu capricorniano. Algo muy efectivo que puedes hacer es desarmar su timidez y mostrarle con sinceridad cuánto te importa. Sé extremadamente honesta, tómate el tiempo para identificar qué es lo que realmente desea. En pocas situaciones estalla, y cuando lo hace muestra claramente su ira y frustración. Luego se siente culpable de esos arrebatos. Acepta su perdón sin vacilar. Cualquier lugar puede ser apropiado para forjar una buena comunicación con Capricornio porque para él lo importante por sobre todas las cosas es el tema a discutir.

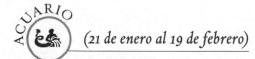

ACUARIO *(21 de enero al 19 de febrero)*

Para que la comunicación con un acuariano sea positiva y saludable, háblale con total franqueza, y déjale compartir sus ideas y opiniones sin interrumpirlo. Despierta su entusiasmo y la confianza en ti brindándole un espacio para que él mismo proponga soluciones y cambios. No seas conservadora en tus opiniones; abre tu mente y no le eches mentiras aunque estas sean piadosas. Discute con él como si lo hicieras con un amigo, más que con una pareja; este signo de Aire aprecia mucho la camaradería. Si no deseas que se congele la comunicación, no te pongas en posición de superioridad, como que tú te las sabes todas. De Acuario siempre se puede aprender mucho. Lo bueno es que tu acuariano suele hacer grandes esfuerzos para llevarse bien con los demás, en especial con su pareja, pero si por un malentendido, una injusticia o un desprecio se enciende su ira, se convierte en un volcán en erupción ¡y a correr se ha dicho! Busca un lugar privado, íntimo, para establecer una comunicación que fluya saludablemente, y que a la vez los acerque más y refuerce la confianza que se tienen.

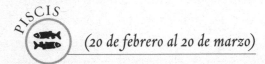

PISCIS *(20 de febrero al 20 de marzo)*

Háblale con suavidad y cariño a tu pisciano, si no, lograrás que se esconda en sí mismo y nada lo hará abrirse a una buena comunicación. Cuida las palabras que uses porque es muy susceptible, y se siente herido con facilidad. Piscis se derrite ante gestos de ternura y comprensión. Así que si quieres convencerlo de algo, apela más a los sentimientos que a la razón. Y no lo apures a tomar decisiones o a realizar cambios drásticos. Si se siente acorralado por tus reclamos, puede explotar intempestivamente, pasando de ángel a demonio, como si se convirtiera en otra persona. Después se arrepentirá pero de todos modos será difícil retomar la comunicación por un buen tiempo. Piscis trata de no herir a nadie, pero cuando se siente "atacado" se vuelve melodramático, grita y hace escándalos, y después se aísla. Cuando por fin logra calmarse, se arrepiente de todo y no duda en buscar el perdón, pero a veces el daño es irreparable. Para comunicarte con él y lograr buenos acuerdos, guíalo a sentirse útil y necesitado, y así evitar conflictos que no conducen a ninguna parte. Si puedes, llévalo a un lugar rodeado de belleza y donde le ofrezcan buena comida, y así la comunicación florecerá sin prisa ni pausa.

CAPÍTULO 5

EMPUJONCITOS PARA SOBRELLEVAR LAS COMPLICACIONES DEL AMOR

Introducción

La parte más bonita de una relación amorosa es al principio. Qué divino es sentir maripositas en el estómago por alguien que nos fascina. En los primeros meses ¡todo es color de rosa! Si descubres que ronca muy fuerte, te compras unos tapones para los oídos e ignoras el alboroto. Si se duerme en el cine, lo justificas: está cansadito porque trabaja muy duro. Y cualquier actitud que te incomode, la perdonas y te repites que no tiene tanta importancia. Si mantuviéramos siempre ese nivel de tolerancia y emoción, no existirían peleas ni divorcios.

Pero desafortunadamente esa etapa inicial de euforia declina poco a poco. Luego de conocerle por mucho tiempo, bajas a tu pareja del pedestal en que se encontraba. Sus defectos salen a relucir y ahí es que empiezan las complicaciones.

En esta sección del libro te voy a enseñar a detectar las primeras señales que te avisan que tu relación tiene problemas y está en peligro. Una vez que aprendes a reconocer los síntomas a tiempo, tienes la mitad de la batalla ganada para resolver esos problemas y poder rescatar tu relación de un fracaso.

En los siguientes empujoncitos te voy a decir si es posible cambiar a tu hombre, si vale la pena intentarlo, y te voy a revelar aquellas cosas que ni su madre podrá cambiarle. También descubrirás si eres una mujer celosa y cuál es la diferencia entre los celos enfermizos y los celos naturales.

Aquí aprenderás todo acerca de la temida infidelidad, uno de los causantes de más problemas en las parejas. Conocerás la razón por la que somos infieles. Te mostraré las señales más inusuales que delatan a un traidor y te diré si perdonar o no a un infiel. Incluso, en esta sección la astróloga y terapeuta Alicia Morandi te explicará de qué manera el perfil astrológico de tu pareja puede hacerlo más o menos propenso a la infidelidad.

Además, te enterarás del riesgo que hay cuando resuelves tus conflictos bajo las sábanas, me refiero al famoso sexo de reconciliación. Vas a descubrir la diferencia entre el sexo animal y el sexo romántico.

Y para las que creen conocer todo acerca de su pareja, se darán cuenta de que tal vez están engañadas, por eso traigo unos ejercicios que te harán conocer realmente a tu amorcito. Y al finalizar este capítulo encontrarás el horóscopo que te revelará cómo llevarte mejor con tu pareja según su signo astral. ¡Sin más preámbulos te doy más empujoncitos!

58 Diez señales de peligro en tu relación

Al igual que en la carretera existen señales de tránsito que te advierten que hay peligro en el camino, de igual manera hay señales de alerta que te indican que hay problemas serios en tu relación.

Hay señales que revelan que la relación es un caos y está deteriorada, como cuando hay golpes, amantes, adicciones, etcétera. No te voy a hablar de estas señales obvias, sino de otras que no son tan evidentes y que pasas por alto sin darte cuenta y te llevan a serios problemas en tu matrimonio o noviazgo. A continuación voy a darte diez señales de peligro que debes tomar en cuenta para evitar un accidente trágico en tu relación.

1 Agendas diferentes. Cada quien lleva su propio calendario de actividades. Cuando él vuelve de la oficina, ella se va a su clase de yoga. Y los sábados cuando ella vuelve de visitar a su mamá, él se va a jugar fútbol. Dan más importancia a sus actividades personales y ya no coinciden como antes. Cada vez pasan menos tiempo juntos. Salir en pareja ya no figura en la agenda de cada uno. Y cuando sales por tu cuenta, notas que ya no tienes deseos de llegar a la casa.

2 Ausencia de caricias. Al principio de la relación, los dos se tocaban, se besaban y se mimaban mucho. Buscaban cualquier excusa para acariciarse y sentirse. Ahora el contacto físico es limitado.

3 Falta de detalles. Antes te emocionaba sorprenderlo con un regalo para una ocasión especial, pero ahora cuando se acerca el cumpleaños, aniversario o Navidad, te da pereza escoger un regalo.

4 Falta de comunicación. Dejas de consultar a tu pareja asuntos que son relevantes para ti y ya no le pides su opinión. Por ejemplo, si te vas a cambiar el color de tu cabello o si piensas pedir un aumento de sueldo, no le consultas y tampoco cuentas con él para tomar decisiones importantes. En el pasado se quedaban conversando hasta tarde pero ahora no hay tema de conversación. En otras palabras, antes eran un equipo y ahora no lo son.

5 **Pérdida del deseo sexual.** No hay una cifra que determine el número de veces que una pareja debe hacer el amor. No obstante, si los encuentros sexuales han disminuido considerablemente, ¡hay problemas! Entre las sábanas es donde muchas peleas y diferencias se arreglan. Sin sexo es muy difícil resolver los problemas que tenga una relación.

6 **Desacuerdos constantes.** Todas las parejas pelean, esto es normal, pero cuando se llevan como perros y gatos y los desacuerdos entre ambos son a diario, eso es una señal clara de que la relación está en aprietos.

7 **Ya no te preocupa.** Las necesidades de ambos dejaron de ser tan importantes como lo eran antes. En el pasado te preocupabas por las cosas que lo hacían feliz, ahora te preocupas por lo que te hace feliz a ti. Antes te importaba si comió, si le fue bien en el trabajo, si fue al médico, si se acordó de llamar a su mamá, pero ahora dejas que él se encargue de sus cosas.

8 **Empiezas a ver sus defectos.** Cada vez notas más comportamientos de tu pareja que te molestan. Antes no te importaba el hecho de que no fuera emprendedor, pero ahora ves como un defecto que sea conformista.

9 **Quejas y más quejas.** Si cuando están reunidos con la familia o amigos lo criticas, lo desacreditas o te burlas de él frente a ellos para desquitarte, o cuando él no

está presente tu tema de conversación favorito son las quejas de todo lo malo que hace, eso significa que tu relación va cuesta abajo.

10 Te comparas. Antes no llevabas cuenta de quién ponía más en la relación y en el hogar, bien fuera más dinero, más tiempo, más esfuerzo, más cuidados, más atención o más amor, pero ahora tienes bien claro todas las áreas donde tú aportas más que tu pareja. Te molesta compartir hasta las finanzas y el manejo del dinero con él.

Si estás viviendo algunos de estos comportamientos, acepta que existe un gran problema y es hora de hacer un ALTO. Toma el tiempo para responder las siguientes preguntas cruciales.

1 ¿Todavía amo a mi pareja? Reflexiona si la llama del amor (aunque tenue) todavía está encendida en tu corazón o si ya se apagó por completo. Si tienes dudas sobre tus sentimientos, lee el Empujoncito #72 en el capítulo 6, donde te revelo las señales de que el amor se acabó.

2 ¿Vale la pena salvar esta relación? Pon en una balanza los defectos y cualidades de tu pareja. Luego analiza si es la persona con la que quieres pasar el resto de tu vida.

3 ¿Estoy dispuesto a luchar para rescatar la relación? Toma mucha dedicación y esfuerzo reparar lo que no está funcionando. Tendrás que tomar la iniciativa, abrir la comunicación, soltar resentimientos, perdonar, ser paciente, aceptar tus errores y si es necesario hasta ir a terapia. Solo quien está dispuesto a sacrificarse puede salvar la relación.

Si tu respuesta fue afirmativa a las tres preguntas anteriores es evidente que quieres rescatar tu relación. Pero como las relaciones amorosas se componen de dos, no es suficiente con que solo tú quieras arreglarlo todo. Tu pareja también tiene que estar dispuesta a pasar por el mismo proceso. Mi consejo es que hablen y le pidas que también responda estas preguntas. Dependiendo de su respuesta podrán o no rescatar la relación. Ahora, si tu respuesta fue negativa a cualquiera de estos tres interrogantes, eso quiere decir que estás perdiendo el tiempo en una situación que no te va llevar a ningún lado. El capítulo seis será de gran ayuda para ti ya que explico cómo salir de una mala relación.

Empujoncito 59

¿Puede tu hombre cambiar?

Diariamente en mi programa de radio *María Marín Live* hablo de un tema diferente. Traigo temas del amor y la superación personal para debatirlos con mis oyentes. Recientemente le hice esta pregunta a mi audiencia: ¿Crees que la gente puede cambiar? Ese día, la primera llamada que tomé en el programa fue de un señor que me dijo: "María, la gente no cambia, lo más que haría por cambiar sería dejarle de poner azúcar al café y ponerle sacarina". Me dio mucha gracia la ingeniosa explicación que me dio el caballero, pero yo sabía la seriedad de su respuesta. Y es que uno de los retos más grandes que tenemos en la vida es tratar de cambiar a alguien, especialmente si se trata de nuestra pareja. Todos en algún momento hemos aceptado este reto creyendo que saldremos victoriosos. Pero tarde o temprano nos damos cuenta de que es como nadar en contra de la corriente.

Uno de los errores que cometen las mujeres en el amor es ilusionarse con la fantasía de que su amorcito se puede transformar en el príncipe de sus sueños.

Las mujeres están más inclinadas a querer cambiar a su pareja que los hombres. Según una encuesta, el 68 por ciento de las damas desean cambiar varias cosas en su cónyuge mientras que solo el 59 por ciento de ellos desea cambiar algo en su mujer. A continuación te muestro una lista de los diez cambios que las mujeres más anhelan en su pareja.

1 Que sea más ordenado

2 Que sea romántico

3 Que pueda reparar cosas en el hogar

4 Que aprenda a escuchar

5 Que la ayude a limpiar

6 Que sepa cocinar

7 Que sea más sociable

8 Que maneje mejor el dinero

9 Que no dependa tanto de su mujer

10 Que sea conversador

Soñar no cuesta nada, así que puedes ilusionarte todo lo que quieras pensando que vas a cambiar a tu hombre, pero lamento ser una aguafiestas y revelarte que ¡la gente no cambia!

Si lo conociste barrigón, ahora no trates de convertirlo en modelo; si era tímido al principio de la relación, no quieras que se convierta en el alma de la fiesta; y si siempre ha sido poco detallista, ahora no le exijas que te traiga flores todos los días. Nadie cambia porque otro se lo pida o se lo exija. Un cambio real viene únicamente cuando le nace a la persona y decide hacerlo por su propio bienestar y no por el de otro. Hay ocasiones en que el individuo se siente tan hostigado por su mujer que modifica su comportamiento por un tiempito, pero luego vuelve a su conducta habitual. Considera lo difícil que es cambiar algo en ti, y te darás cuenta de lo difícil que será cambiar algo en otro.

Acepta a tu hombre con sus virtudes y defectos. No permitas que situaciones insignificantes deterioren tu relación. En vez de fijarte en que deja la ropa tirada o ve mucha televisión, enfócate en su lado bueno. Seguramente es trabajador, buen amante o se lleva bien con tu madre. Deja de señalar las cosas que no te gustan de él y presta atención a las cosas que verdaderamente lo hacen un buen ser humano. Existe una ley universal que dice: "Aquello en lo que te enfoques se agrandará". Si te empeñas en ver el lado bueno, el lado malo se opacará.

60 Cuatro razones para no cambiarlo

Ya te dije que la gente no cambia, pero estoy segura de que muchas seguirán con la ilusión de hacerlo. Para ellas es este empujoncito. Te voy a dar cuatro razones por las cuales debes desistir de la idea de cambiar a otros.

1 **Es un mata-pasión.** A nadie le gusta que alguien esté constantemente sermoneándolo sobre su comportamiento como si fuera un niño. Este hostigamiento crea rebeldía y resentimiento. Cuando un hombre se siente acosado por su mujer, le recuerda a su mamá y esto es un gran mata-pasión porque nadie quiere enamorarse de su madre.

2 **La persona siente que no la amas.** Cuando tratas de cambiar a alguien, indirectamente lo estás rechazando y

le estás diciendo: no te amo de la manera que eres. Es decir, le estás insinuado que estás enamorada de la manera que quisieras que él fuera.

3 **Las diferencias son un complemento.** Si eres perfeccionista y tu pareja es chapucera, no te mortifiques tratando de que sea minucioso. En vez de mirarlo como algo negativo, reconoce que si él es más relajado te complementa en tus momentos de estrés. Y si eres extrovertida y te encanta hablar pero te quejas de que tu amorcito es muy callado, acepta que él te complementa porque dos "loros" en una misma jaula competirían por llamar la atención.

4 **Es una pérdida de tiempo.** Supongamos que pierdes uno o dos años con alguien que piensas que va a cambiar. Finalmente la relación termina debido a la tensión que ocasionó tratar de cambiarlo. Entonces te das cuenta de que perdiste años irrecuperables de tu vida, y que si la persona no cambia por su cuenta no era tu responsabilidad cambiarlo. Hay veces que al alejarte, él cambia por su propia cuenta y regresa porque no quería perderte. Recuerda, la gente modifica su comportamiento únicamente cuando siente que está lista para hacerlo.

Empujoncito 61

Imposible de cambiar

Si la gente puede cambiar o no, siempre será un tema muy debatible. Lo que sí puedo asegurar es que hay tres cosas que jamás podrás cambiarle a nadie.

Su sentir

Un grave y común error que cometemos es tratar de decirle a alguien cómo debe reaccionar a diferentes situaciones en la vida. Por ejemplo, una mujer va al cine con su pareja a ver una película y una de las escenas la conmueve de tal manera que su reacción es llorar. Cuando el novio la ve a "moco tendido", queda con la boca abierta.

—No puedo creer que seas la única persona que llora viendo una comedia —le dice burlándose mientras suben al auto después de ver la película.

—¿Por qué te burlas de mí? Me dio lástima que atropellaran al pobre perrito —explica la novia justificando su llanto.

—No era para tanto, es ridículo que llores por esa bobada que ni siquiera es real —argumenta el novio regañándola.

—Tú bien sabes lo que me encantan los animales y no soporto verlos sufrir. Deberían cambiar ese tipo de escenas —dice ella indignada.

—La que tiene que cambiar eres tú. ¡Es absurda tu actitud! —revira él.

—¿Ahora me vas a decir cómo tengo que sentirme? —pregunta ella, ofendida, en un tono elevado, al darse cuenta de que su novio no valida sus sentimientos y quiere cambiárselos.

—Sí, te estoy haciendo un favor al decírtelo para que no hagas el ridículo en otra ocasión. Deberías agradecérmelo —le dice con soberbia.

Esta es una típica escena de cómo alguien trata de cambiar la reacción sentimental de una persona. El mismo conflicto sucedería si esta chica no validara la reacción de su novio en otra situación.

—¡Sí! ¡Sí! ¡Sí! Ya, ya, vamos Messi, estás solito, ¡patea ya! —grita el novio exaltado viendo un juego de fútbol entre Argentina y Brasil.

—Dios mío, ¿qué son esos gritos? —dice la novia, molesta.

—Hijo de pu$$%%+#@ maldito! —vocifera a todo pulmón mientras ve que Neymar se acerca al área de gol.

—¡Oye, baja la voz! Me vas a dejar sorda —exige la novia.

—¡Cómo diablos quieres que me calle si estamos perdiendo! —responde él, encolerizado.

—No puedo creer que te pongas histérico por un simple partido. ¡Eres un ridículo! —dice ella regañándolo.

—¡No! ¡No! ¡No! ¡No! ¡Nooooooo! ¿Por qué en el último minuto? ¡No puedes ser! —llora él a moco tendido al ver que Argentina pierde el partido.

—No seas ridículo. ¿Cómo es posible que llores por esa bobada? ¡Es solo un juego! —argumenta ella en tono burlón.

—¡Tú no entiendes lo que estoy sintiendo! —dice él, ofendido, y alega—: Fue culpa de ese técnico. ¡Tienen que cambiarlo!

—Quien tiene que cambiar eres tú. Es absurda tu actitud inmadura —señala ella con sarcasmo mientras el novio se retira ofendido al darse cuenta de que ella no valida sus sentimientos y quiere cambiárselos.

Así como esta joven no puede cambiar la manera en que su novio se siente acerca del fútbol, él tampoco puede cambiar lo sentimental que ella es acerca de los animales. Aunque nos parezca ilógica, exagerada, absurda o loca la reacción de alguien, hay que respetarla ya que es imposible cambiar el sentir de una persona acerca de una determinada situación.

La dinámica familiar

Otra cosa que jamás podrás cambiarle a un individuo es la relación que tenga con su familia. Tal vez tu pareja se lleva de una manera muy extraña con sus seres queridos. Un día conviven a las mil maravillas y a la siguiente semana no se pueden ver ni en pintura. Y tú no puedes entender la dinámica que existe entre ellos. Las relaciones entre familiares son siempre las más intensas y más complicadas, en gran parte debido a que se forman en la niñez, cuando no se puede escoger lo que nos gusta o nos disgusta de quienes nos rodean. La relación de alguien con sus padres o hermanos es compleja porque involucra la historia, las experiencias, la comunicación, lazos biológicos e influencia psicológica y muchas cosas más que los unen y forman su dinámica familiar, la cual es única y especial, sea buena o mala. Te aconsejo que no trates de entender la relación que tiene tu pareja con su familia y mucho menos trates de cambiarla, porque estarás perdiendo tu tiempo. Además, seamos honestos, la relación que tienes tú con los tuyos tal vez sea igual de extraña.

Su pasado

Todos hemos querido tener una máquina del tiempo para regresar al pasado y cambiar algo de lo que estamos arrepentidos. Pero lamentablemente aún no han inventado este aparato, y dudo mucho que un día vaya a salir a la venta algo parecido a una máquina del tiempo. El pasado ya pasó y nada ni nadie lo puede cambiar.

Es normal sentirte incómodo acerca del pasado de alguien, especialmente si es tu pareja y es algo de lo cual no está orgulloso. Pero no es justo juzgarla por esto y mucho menos sacarlo a relucir. Como dice el refrán, lo pasado, pasado, y lo mal hecho, perdonado. Si aprendió de los errores cometidos y, gracias a ese aprendizaje, hoy es una mejor persona, ¿por qué juzgarlo?

No puedes cambiar la historia que alguien ya vivió. Sería como rechazar una gran parte de su identidad. No te creas más poderoso que Dios, porque ni siquiera Él puede cambiar el pasado.

Moraleja: Intenta transformar todo lo que quieras de una persona, pero nunca pierdas tu tiempo tratando de cambiar su sentir, su pasado y su familia.

62 El adictivo sexo de reconciliación

Las peleas de algunas parejas son tan candentes como los combates de boxeo. Aunque no llegan a darse golpes físicos, su intensidad es similar a la de una contienda entre dos luchadores. Comienzan con un desacuerdo en el primer asalto, luego tiran la puerta y dan un par de gritos en el quinto, y cuando está a punto de acabar la pelea y antes de que uno noquee al otro, suena la campana final. Entonces salen corriendo hacia la cama y se entregan a una apasionada sesión de sexo, es decir, *sexo de reconciliación.*

Toda pareja ha tratado de resolver un conflicto en la cama en algún momento. Y muchos aseguran que no hay nada mejor que pelear y luego hacer el amor.. Pero, ¡ojo!, existen dos tipos de sexo de reconciliación: el *sexo animal* y el *sexo romántico,* y uno de ellos puede ser muy peligroso para tu relación.

El *sexo de reconciliación animal* es una reacción provocada por sentimientos encontrados entre la rabia y el deseo. Es una manifestación de la frustración de sentir que no te importo y las ganas de demostrarte que tú eres mío. Aunque este sexo es muy ardiente y apasionado, solo te lleva a un acuerdo momentáneo bajo las sábanas. Cuando te levantas de la cama, el conflicto continúa porque en ningún momento resolvieron el problema ni llegaron a un acuerdo. Solo hubo un entendimiento sexual que, fuera de la habitación, no es de mucha ayuda.

Si este comportamiento es habitual, se convierte en algo perjudicial para cualquier relación, pues nunca resuelven sus problemas y se vuelven adictos al sexo animal. La conducta típica en estos casos es buscar excusas para pelear con tal de tener una sesión de sexo de reconciliación animal.

Por el contrario, el *sexo de reconciliación romántico* es el que sucede cuando, tras una acalorada pelea con tu pareja, recurres a la comunicación, no al sexo para resolver los problemas. Cada cual deja su orgullo a un lado y trata de entender el punto de vista del otro. Independientemente de quien tenga la razón, ambos piden disculpas por haberse herido u ofendido. Después de un acto de comunicación de esta naturaleza, es maravilloso hacer el amor, pues lo que provocó irte a la alcoba fue un entendimiento mutuo que los une profundamente y no un impulso salvaje. Cuando se da este tipo de intimidad, los participantes se sienten más enamorados al finalizar el acto sexual.

Te recomiendo que la próxima vez que estés en un cuadrilátero con tu pareja y suene la campana, antes de llegar a la cama, dialoguen sin prejuicios y verás que la pelea acabará en una romántica decisión unánime.

Empujoncito 63

Celos, malditos celos

Mientras escribía este libro, decidí incluir un empujoncito que enseñara a las féminas lo que realmente desilusiona a un hombre de una mujer. Para prepararme, conseguí una película cuyo título sugería que encontraría la información que yo estaba buscando, *How to Loose a Guy in Ten Days* (Cómo perder a un hombre en diez días). En este filme la protagonista, encarnada por Kate Hudson, es una columnista de una famosa revista a quien le encargan escribir un artículo que demuestre a las mujeres el porqué se decepcionan los hombres de ellas.

Como parte de su investigación, Kate decide salir con un hombre que la quiere enamorar, pero ella finge ser neurótica para desencantarlo. Su estrategia fue comportarse sumamente necesitada, súper celosa y entrometida. Aunque se portó de una manera insoportable, el hombre acabó enamorándose de ella. Pero esto solo sucede en Hollywood.

Esta cinta me impulsó a entrevistar a hombres de mi entorno social y familiar para escuchar directamente de ellos lo que realmente les molesta de las mujeres. La lista de entrevistados, cuyas edades oscilaban entre 22 y 53 años, incluía amigos, colegas, hermanos, primos, tíos, sobrinos, vecinos y hasta mi abogado tomó parte en la encuesta.

Les hice a todos la siguiente pregunta: ¿Qué comportamientos de una mujer te desencantan? Las respuestas fueron variadas, y algunos me dieron respuestas superficiales que tenían que ver con el físico de ellas. Por ejemplo, alguno dijo que le repugnaba una fumadora con aliento a cigarro, otro dijo odiar a las mujeres que tienen tatuajes y uno de ellos me dijo que repelía a una chica que no cuidara su higiene y tuviera mal olor en sus partes íntimas.

También obtuve respuestas que tenían que ver con la personalidad. Muchos me dijeron que les desagradaban las mujeres egoístas, materialistas, controladoras o inseguras. Sin embargo, lo interesante de estas entrevistas es que aunque todos tuvieron diferentes opiniones, la mayoría estuvo de acuerdo en que una de las cosas que más les disgustaba de una dama era que fuese celosa, especialmente si no había motivos para ello, en otras palabras, los ¡celos infundados! Estos son los celos enfermizos que son una tortura en cualquier relación, tanto para el que cela como para quien es celado. En el momento en que tu imaginación se desata y te inventas una novela en la cual no tienes prueba alguna de que algo sospechoso está sucediendo, los celos se vuelven enfermizos. Por ejemplo: Vas a una fiesta de la empresa en que trabaja tu amorcito y ves que una compañera le saluda efusivamente. Tu mente comienza a maquinar: "Entre estos dos hay algo, de seguro se meten debajo del escritorio a hacer de las suyas".

No estoy diciendo que los celos no deben existir. El 99 por ciento de las personas son celosas; el otro 1 por ciento finge no serlo. Los celos son parte del instinto natural de proteger lo que queremos; bien sea un trabajo, un hijo, un amigo o, por supuesto, ¡la pareja! Es normal sentir cierto miedo de que tu amado pueda dejarte por otra persona. Después de todo, estas cosas suceden, y cuando pasan son muy dolorosas.

Si eres de las que supervisa cada movimiento sin que te den motivos —chequeas la cuenta del celular, hueles su ropa, calculas las millas del auto para ver si realmente fue a donde te dijo, o si la recepcionista del edificio donde vives te preguntó un día por tu marido y te alarmas porque piensas que algo puede haber entre ellos—, definitivamente tus celos están fuera de control y te llevarán a destruir tu relación, a perder a quien amas.

Ten en cuenta que los celos infundados no tienen nada que ver con el comportamiento de tu pareja, sino que son un producto de tus inseguridades. Mientras que un hombre no te haya dado motivos obvios, legítimos y contundentes para desconfiar, ¡no se te ocurra celarlo! Si tu pareja siempre ha sido amorosa y no te da motivos para desconfiar, ¿cuál es el afán de encontrar lo que no se te ha perdido? Los celos obsesivos solo destruirán tu relación. Cuando celas sin una evidencia, envías el mensaje a tu compañero de que no crees ser lo suficientemente mujer para conservar su amor e interés, y si tú misma no lo crees, ¿cómo esperas que él sí lo crea?

Les tengo malas noticias a todos los celosos: si alguien quiere ser infiel, lo será independientemente de cuánto lo vigiles y quieras controlarlo. Los celos no van a convertirlo en un hombre fiel, sencillamente lo harán más cauteloso. Además corres el riesgo de que se sienta acorralado, tema perder su individualidad y finalmente termine dejándote a causa de tus celos infundados. Te advierto que quienes son celados constantemente terminan siendo infieles. Se les acusa tanto de algo que no han hecho que concluyen: Si estoy cumpliendo la sentencia, más vale cometer el delito. A menos que no tengas pruebas, confía y no incites a alguien a hacer lo que realmente no quieres que haga.

Si tu relación se ha deteriorado debido a esos malditos celos, es hora de ponerle un alto a tus inseguridades. La próxima vez que sientas celos solo porque una mujer se le acercó a tu pareja, no dejes que tu imaginación vuele con mil pensamientos negativos. Piensa más bien en todos los atributos que tú tienes y en el porqué él se enamoró de ti.

No obstante, si tu amado ya te fue infiel y continuamente te da motivos reales para dudar de él, ¿qué haces perdiendo tu tiempo? Si ya te engañó, entonces no es hora de celarlo, ¡sino de botarlo!

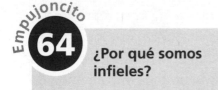

Empujoncito

64

¿Por qué somos infieles?

¿A quién no le gusta estar enamorado? A todos nos agrada escuchar canciones que nos despierten los sentimientos. Nos deleita ver una película que muestre una escena de amor apasionado. Disfrutamos leer un libro que relate una historia de amor como la que quisiéramos vivir.

Lo cierto es que todo el mundo desea conocer a una persona especial y sumergirse en las aguas del amor; estar con alguien con quien puedas dormir acurrucadito, tomar café en las mañanas, irte de vacaciones y, por supuesto, tener un par de lindos hijos. Muchos son capaces de cruzar continentes, sacrificar carreras, perder valiosas posesiones y hasta cometer una locura, todo en nombre del amor. ¡Somos románticos por naturaleza! Sin embargo, si estar enamorados es lo que tanto deseamos, ¿por qué cuando lo conseguimos somos capaces de arriesgar todo por una aventura?

¿De dónde proviene el deseo que impulsa a una persona a ser infiel? Puedes echarle la culpa de una traición al aburrimiento, a las hormonas, a la falta de entendimiento de tu pareja, a la escasez de compromiso o a las cosquillas que te provoca alguien extremadamente atractivo. Estas son algunas de las justificaciones que utilizan los infieles para explicar su comportamiento. Pero ¿qué tal si la infidelidad sucede porque es algo inevitable? En otras palabras, ¿qué tal si somos infieles por naturaleza?

Los antropólogos dicen que la infidelidad es intrínseca al ser humano, pues el 85 por ciento de las culturas previas al advenimiento de la tradición judeocristiana eran polígamas. Por otro lado, Sigmund Freud, conocido como el padre del psicoanálisis, dijo una vez: "Todos somos polígamos reprimidos". Freud asegura que nuestra naturaleza no es ser monógamos, sino desear varias relaciones simultáneas. Tal vez los expertos tengan razón, pues, seamos sinceros, hasta la más enamorada de las mujeres ha fantaseado alguna vez meterse en la cama con William Levy.

No obstante, aunque ser infiel fuera parte de nuestra naturaleza, eso no lo justifica. Los animales no pueden evitar lo que sus impulsos les dictan, pero los humanos sí podemos actuar de forma diferente a nuestras inclinaciones naturales. Y ese comportamiento permite que nuestra sociedad funcione.

Para mí, la monogamia es más bien una expresión de amor. Cuando amas a alguien lo demuestras por medio de tus acciones; lo escuchas, lo cuidas, lo ayudas, te sacrificas y, por supuesto, también te alejas de las tentaciones. A esta manera comprometida de actuar se le llama amor y va mucho más allá del sexo. Claro, si vamos a hablar únicamente del deseo carnal y el deleite de tener orgasmos, entonces que viva la poligamia ¡y adelante con las orgías! Pero si hablamos del verdadero amor, la monogamia es una de la características que lo define, no porque alguien te lo impone, sino porque deseas practicarla. En conclusión, ser fiel es una elección.

Empujoncito

65 **Señales inusuales de un infiel**

Enfrentar una infidelidad puede ser el momento más tormentoso que enfrenta un ser humano. Muchos de los que han vivido esta dolorosa experiencia aseguran que es tan devastador como experimentar la muerte de un ser querido. Es por eso que tantas mujeres, ante un engaño, optan por hacerse las ciegas para evitar el sufrimiento. Sin embargo, aunque quieran tapar el sol con un dedo, llegará el momento en que tendrán que enfrentar la realidad, ya sea porque las dejan por otra mujer, porque les contagian una enfermedad venérea, porque no las respetan o porque ya no pueden vivir ese calvario.

Los infieles tarde o temprano serán descubiertos, porque más rápido cae un mentiroso que un cojo. Los infieles han inventado muchas estratagemas para hacer de las suyas sin ser atrapados, como las que describo más abajo. No voy a ahondar

en las muestras obvias de un hombre infiel: manchas de maquillaje en la ropa, oler a perfume de mujer, trabajar horas extras
en la oficina, no soltar el celular ni para ducharse, recibir llamadas misteriosas, comenzar a hacer ejercicios para ponerse
en forma, ocuparse de andar bien vestido y arreglado, inventar
muchas salidas con sus amigos. De estas la más obvia es ¡perder
el apetito sexual! Estas señales ya todo el mundo las conoce
y habría que ser muy ingenua para no saberlas. Las que voy a
describir te sorprenderán y te pondrán en alerta.

❌ **Quiere tener más sexo contigo.** Contrario a lo que muchas
creen —si un hombre no quiere tener sexo con su pareja
es porque tiene una amante—, en realidad muchos hombres infieles se vuelven más sexuales de lo normal con su
pareja. Esto se debe a dos razones. La primera es que la
atracción sexual que siente hacia su amante es tan fuerte
que no puede controlar sus deseos de tenerla y busca a
su esposa para satisfacerse. Mientras hace el amor con
su mujer fantasea estar con su amante. La segunda razón
por la que un hombre tiene un inesperado apetito sexual
es la culpabilidad. Se siente tan mal consigo mismo por
su engaño que trata de compensar la traición con más
afecto hacia su mujer.

❌ **Tiene gustos nuevos.** Digamos que en el pasado detes-
taba la música tropical, no soportaba ni el sonido de una
conga. Un día de tantos te subes a su auto y está escuchando la canción de salsa "Vivir mi vida". Te sorprende
que no cambie la estación, y hasta mueve la cabeza al
ritmo de la melodía.

—¿Y desde cuándo te gusta la salsa? —le preguntas,
asombrada.

—No es que me guste la salsa, solo me gusta esta canción —responde él, nervioso.

Tú sabes que esta escena tiene algo raro pero lo pasas por alto. Unos meses después te enteras de que la amante de tu amorcito es una puertorriqueña fanática de Marc Anthony. La mayoría de las veces que un hombre muestre interés o gusto por algo nuevo, o por cosas que antes no le gustaban y ahora le llaman la atención, es una señal de alerta de que algo diferente hay en su vida que ha provocado este cambio en él.

✕ **Tiene lapsos de impaciencia.** Unos días se muestra encantador y otros días más impaciente. No es que sea bipolar, lo que sucede en los días que está irritado es que desea estar con su amante pero no puede porque tiene que estar en casa. Se muere por levantar el teléfono para llamarla pero tú estás presente y se tiene que aguantar. Todos estos deseos reprimidos lo impacientan y se pone más irritable. Una vez que la ve o habla con ella, se tranquiliza, se siente contento y vuelve a ser el mismo de siempre.

✕ **Te habla mucho de alguien que conoció recientemente.** Presta atención, quizá está diciendo lo que aún no ha percibido ni siquiera él mismo. A veces la emoción de haber conocido una persona por la que siente atracción le hace hablar constantemente de ella con admiración pero no se da cuenta de la frecuencia con que lo hace. Su mente está enfocada en esa persona y todo lo relaciona con ella. En ocasiones le cambia el nombre y hasta el sexo para no levantar sospechas. Si se llama Carolina, tal vez la llame Carlos. Observa los siguientes diálogos.

—Mi amor, vamos al cine, estoy loca por ver la nueva película de Bratt Pitt —sugiere ella.

—¡Sí! Un compañero de trabajo, Carlos, vio la película y me dijo que está buenísima —responde él.

A la mañana siguiente, ella le comenta: —Últimamente me he sentido cansada.

—Carlitos me dijo que empezó a tomar unas nuevas vitaminas que le dan mucha energía; le voy a preguntar el nombre —responde él.

El problema que tiene tu pareja es que no puede sacarse a su nuevo amor de la mente y por eso la trae a colación cada vez que puede.

✖ Otros lo encuentran jovial y diferente. Mientras tú te sientes mal y sabes que algo raro está pasando, los demás lo ven más joven, más animado y más alegre. Hasta su sentido del humor se ha agudizado y está más chistoso que nunca. De repente empiezas a verlo como a un extraño porque esos cambios en su personalidad no los muestra cuando está solo contigo. Si escuchas muchos comentarios de amigos o familiares que te dicen lo feliz que se ve, y sabes que no es porque lo hayan subido de puesto o porque se sacó la lotería, presta atención porque esa fuente de felicidad puede venir de una persona que no eres tú.

Estas son señales de una posible infidelidad. Puede que tu pareja no te sea infiel, pero sí que esté deslumbrado por otra mujer. Tal vez esté empezando a sentirse atraído y puede que esté lleno de dudas o que esté evaluando lo que siente. Si observas alguna de estas conductas, es hora de sincerarte con tu pareja y expresarle tu preocupación.

La intuición de las mujeres es tan aguda que, aunque todavía no haya nada que vincule a nuestra pareja con otra persona, sabemos que algo inusual esta sucediendo. Dicen que el engañado es el último que se entera de la infidelidad. Yo digo que la realidad es que el engañado es el primero que se da cuenta de que algo inusual pasa, pero se hace el ciego porque teme enterarse de algo que desmorone su mundo sentimental.

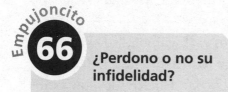

Empujoncito 66

¿Perdono o no su infidelidad?

¿Lo perdono? Esta pregunta se la han hecho millones de mujeres luego de descubrir que su pareja les ha sido infiel. Muchas que no han vivido la experiencia de ser traicionadas aseguran: "Yo jamás perdonaría una infidelidad"; "mi marido está advertido, él sabe que si lo hace acaba de patitas en la calle"; "primero muerta antes que perdonar a un traidor". Es fácil expresarse así cuando no se está en la posición del traicionado. Solo quienes han sentido el dolor de un engaño saben lo difícil que es tomar la decisión de terminar la relación o continuarla.

La decisión de perdonar o no una infidelidad es muy personal y a la vez muy complicada, ya que cada relación e individuo son diferentes. Por eso en este empujoncito quiero ayudar a aquellos que tengan que tomar la decisión de salvar o no su relación.

En primer lugar, la decisión de perdonar o no una infidelidad depende del tipo de traidor. Existen tres clases de adúlteros o traidores, y su sentencia debe corresponderse con su delito.

El primer tipo de traidor es el "unicornio". En esta categoría se reúne a los hombres que han sido infieles solo una vez y no fue premeditadamente. Por ejemplo, supongamos que tu pareja, en un viaje de trabajo haya conocido a una colega guapísima con quien salió a cenar junto con otros compañeros de trabajo. Después de la cena se quedaron tomando uno vinitos mientras discutían asuntos del trabajo, pero al final de la noche se les subió el alcohol a la cabeza y sin planearlo acabaron en la cama. A la mañana siguiente él se siente muy arrepentido. Al regresar a casa la culpa lo atormenta de tal manera que no puede ni mirar a los ojos a su esposa.

El segundo tipo de traidor es el "bígamo". No es que esté casado con dos mujeres sino que mantiene simultáneamente otra relación estable fuera de su hogar. Este traidor lleva años acostándose con la querida y tiene todo bajo control para que su mujer no se dé cuenta. La amante de este hombre piensa que algún día él va a dejar su hogar para irse con ella. Es tan tonta que hasta cree que le es fiel a ella porque, según él, no tiene relaciones sexuales con su esposa. En caso de que tenga problemas con la amante y la relación acabe, él rápidamente busca a otra para reemplazarla. Generalmente este individuo no se acuesta con varias mujeres al mismo tiempo; tiene una sola relación "formal" para que la situación no se le salga de las manos.

Por último, tenemos al "casanova". Este hombre se mete hasta con una "escoba con falda". Cuando él fue al altar, mientras prometía fidelidad a la novia ¡cruzaba los dedos! El "casanova" busca cualquier oportunidad para tener sexo con cualquiera. Es como las Naciones Unidas: no discrimina a nadie. Lo mismo se mete con una compañera de trabajo, con la vecina, con la cajera de la tiendita, con una desconocida, con una prostituta, con la viuda en un velorio, y si pudiera, hasta con su prima y con tu mejor amiga. A este individuo lo pueden atrapar varias veces con las manos en la masa, pero siempre tiene una buena explicación para justificar su engaño y salirse con la suya.

Ya conoces a los tres tipos de traidores: el unicornio, el bígamo y el casanova. La decisión de perdonar a cada uno de ellos finalmente va a recaer en ti y solo en ti. Pero al igual que en un juicio donde el juez escucha y analiza los hechos para dar su sentencia, yo haré las veces de juez y te diré cual es mi decisión a la hora de perdonar o no a un infiel.

De estos tres traidores, el único que se podría perdonar es al unicornio. Se le daría libertad condicional si está dispuesto a reparar su falta. En otras palabras, tiene que demostrar que está cien por ciento arrepentido de su error y dispuesto a hacer lo que sea para ganarse nuevamente tu confianza. Si le pides que 'barra el piso con la lengua", con gusto lo haría. También, tiene que aceptar ir a terapia para entender por qué fue tan débil y así evitar que vuelva a caer. Tampoco puede quejarse de que será monitoreado hasta que cumpla su probatoria. En caso de que tu pareja quiera apelar la sentencia porque no está dispuesto a hacer todo lo que tú pides, eso significa que no está arrepentido de corazón y no merece tu perdón.

Para los otros dos acusados, el bígamo y el casanova, mi veredicto es ¡CULPABLE! Y su sentencia es cadena perpetua: separado de ti, de por vida. No obstante, si te crees tan poderosa como el presidente, entonces puedes hacer uso del indulto. Un presidente tiene el poder de indultar a un criminal para que no tenga que cumplir la pena impuesta por un juez, algo que casi nunca se usa porque va en contra de los principios de la justicia. Para ser exactos, solo siete veces en la historia de los Estados Unidos se ha otorgado este poder, y la decisión ha estado rodeada de mucha controversia. Si decides emplear el indulto, espero que sea por una razón muy justificable, como la que tuvieron los presidentes que la usaron en algún momento.

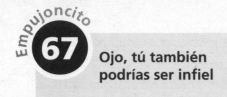

Ojo, tú también podrías ser infiel

¿Cuántos infieles habrá en el mundo? Según los expertos que han estudiado el tema de la infidelidad, el 60 por ciento de las personas caen en una de estas tres categorías: han sido infieles en el pasado, lo son actualmente o traicionarán en un futuro.

Esto me pone a reflexionar. Por ejemplo, en el momento que escribo este empujoncito voy a bordo de un avión Boeing 767 con un total de 221 pasajeros, lo que significa que es probable que 133 de ellos fueron, son o serán infieles. Y quizás los 88 pasajeros restantes son los traicionados. ¡Esta cifra es alarmante!

Según las encuestas, existen más caballeros infieles que damas. No obstante, los estudios más recientes muestran que el número de mujeres casadas involucradas en relaciones extramaritales va rápidamente en ascenso.

Esto se debe a que en el pasado las mujeres permanecían en el hogar cuidando a la familia. Pero los tiempos han cambiado y actualmente las mujeres trabajan fuera de la casa, ganan más dinero y crían menos hijos. Ahora, al igual que ellos, las mujeres tienen más oportunidades de relacionarse con otros, y por lo tanto están más expuestas a ser infieles.

Es cierto que ahora tenemos más tentaciones que en el pasado, pero la falta de atención de la pareja sigue siendo la principal razón por la cual las féminas caen en la infidelidad. Cuando una mujer se siente sola y olvidada por su pareja, es fácil caer en la tentación si alguien llega y le dice: "Eres una mujer única y vales mucho. No puedo creer que no te traten como mereces; yo sí sabría cuidarte como a una reina".

Son muchas las mujeres que se encuentran en relaciones donde no se sienten valoradas, respetadas o atendidas, y cuando escuchan palabras dulces como esas, caen redonditas en las garras de la infidelidad.

A continuación te presento algunas señales que indican que puedes flaquear y ser infiel.

1. A menudo comparas a tu pareja y sientes que es inferior a otros hombres.
2. Sientes atracción física por otros.
3. Tu pareja no te atrae sexualmente.
4. Con frecuencia te pasa por la mente la idea de tener una aventura.
5. Buscas motivos para pelear y así tener una excusa que justifique tu desliz.
6. Cambias tu código moral. De repente dejas de pensar que la infidelidad es mala y hasta justificas a quien es infiel.
7. Eres más coqueta que de costumbre y buscas llamar la atención del sexo masculino.

Si experimentas estos síntomas, seguramente es porque te sientes desatendida. Pero la solución a tu vacío no es buscar un amante, sino tener una conversación muy seria con tu pareja y hacerle saber que temes caer en la tentación. Quizás piensas que es una locura confesarlo, pero la verdadera locura sería traicionarlo. Una advertencia como esta puede abrir los ojos y motivarlo a resolver los problemas que ambos tienen en la relación. Te recuerdo que ninguna infidelidad acaba en un final feliz. Una vez que eres infiel estás destinada a sufrir y a perjudicar a otros.

Y a aquellos que creen que nunca serían capaces de cometer adulterio, les aconsejo que nunca digan "de esta agua no beberé", porque cualquier persona puede caer en la tentación, ¡incluso tú y yo!

Cinco claves para conocer *todo* acerca de tu pareja

¿Sabes cuál el miedo más grande de tu pareja? ¿Conoces sus sueños más anhelados? ¿Sabes lo que haría si ganara la lotería? ¿Tienes idea de cuál es su grupo sanguíneo? ¿Estás enterada de quién es la persona en que menos confía? Es increíble, pero sé de parejas que llevan más de diez años juntos y no saben las respuestas a ninguna de estas sencillas y a la vez importantes preguntas.

Una de las razones por la que muchas parejas, al pasar de los años, se distancian y hasta se separan es porque que no se conocen lo suficiente para lidiar con los retos que traen un noviazgo o un matrimonio. Los años pueden hacerte creer que conoces todo acerca de tu amado, pero no te engañes. ¿Acaso no has visto esos programas de televisión en que tres parejas compiten para saber quién conoce más a su amorcito? En este tipo de *show* les hacen preguntas personales a los participantes por separado sobre cada cónyuge, para saber si realmente se conocen, pero cuando las respuestas se revelan muchas veces no coinciden, ni siquiera las parejas que llevan más de quince o veinte años de casados.

Tal vez te preguntes cómo puedes conocer mejor a tu pareja. Te aseguro que si practicas los siguientes ejercicios, ambos llegarán a conocerse como la palma de su mano.

1 **Descubre sus sueños.** Ambos deben escribir en un papel cinco anhelos que siempre hayan tenido. Luego cada uno tratará de adivinar lo que su pareja escribió. Te sorprenderás al escuchar que tal vez tu amorcito sueña con retirarse en su país de origen o que siempre ha deseado visitar Tokio.

2 Cuenta lo mejor y lo peor. Diariamente, durante la cena, cada uno debe compartir la experiencia más agradable y la más tediosa que tuvo ese día. Este ejercicio te ayuda a conocer más a fondo los gustos e incomodidades de tu pareja.

3 Relaciónate con su pasión. Aunque no te interese la pesca, el fútbol o el boxeo que tanto le gusta a tu pareja, si aprendes un poco más de aquello que le apasiona, lo conocerás mejor y se sentirá más cercano a ti.

4 Dieta de sexo. Es cierto que la intimidad une a dos personas, pero la falta de ella también los puede ayudar a conocerse mejor. Abstenerse de sexo por unos días a manera de ejercicio los obliga a buscar otras formas de demostrar cariño, lo cual los ayuda a conectarse mejor emocional, mental y espiritualmente.

5 Mírense en silencio. Pueden hacer este ejercicio en la cama o cuando estén recostados en un sofá: Durante dos minutos fijen sus miradas intensamente en los ojos sin decir nada. ¡Se permite parpadear! Los ojos son la ventana del alma, y si te acercas a ellos descubrirás un romántico paisaje jamás visto.

Conocer profundamente a tu amado es un arma poderosa para poder enfrentar los retos que trae la convivencia y unirlos profundamente. Cuanto más conozcas a tu pareja, más razones tendrás para amarlo.

Qué tan infiel puede ser tu pareja...
según su signo

Por Alicia Morandi

En este capítulo, María Marín te ha explicado cómo puedes detectar las primeras señales de que tu relación está en problemas. Pon atención a ellas porque pueden ser letales. Y como una de las peores amenazas para la pareja es la infidelidad, te explico de qué manera el perfil astrológico de tu compañero puede hacerlo más o menos propenso a ser infiel.

 ARIES *(21 de marzo al 20 de abril)*

Siempre que al ariano lo dejen llevar la batuta en la relación, será fiel. Pero cuidado con que empiecen a hacerle sentir relegado y sin autoridad. Ahí puede empezar el problema. Si no es el "director de la orquesta" en la pareja, buscará a alguien más que lo deje dirigir todos los instrumentos. Eso sí, si su pareja tiene otro candidato por ahí que le esté rondando, Aries volverá a interesarse y pondrá todo su esfuerzo en la reconquista. Y como no le gusta perder, buscará los mil y un recursos para ganar la batalla.

 TAURO *(21 de abril al 20 de mayo)*

El taurino es fiel por naturaleza, a pesar de ser un signo apasionado y sensual que rara vez pierde interés por el sexo. Eso sí, es posesivo, por lo tanto, si comprueba que su pareja le ha sido infiel, o simplemente tiene una sospecha, difícilmente perdonará. Al principio reaccionaría explosivamente y hasta podría llegar a la violencia. Sin embargo, más adelante planeará con la cabeza fría la manera de alejarse para siempre de esa pareja que lo traicionó, de manera que esta nunca lo olvide. Para Tauro la infidelidad es una herida que nunca terminará de cicatrizar, por más esfuerzos que haga.

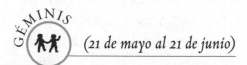

GÉMINIS *(21 de mayo al 21 de junio)*

Lamento informarte que el geminiano tiene fama de infiel. Al menos, le cuesta trabajo entregarse en cuerpo y alma a una sola persona por mucho tiempo. Esto se debe quizás a su carácter variable y necesidad de experimentar cosas nuevas a cada rato. Además, su facilidad para aburrirse lo conduce a buscar variedad en las relaciones. Ya sabes que tiene un gran dominio de la palabra, así que si lo dejan hablar, justificará cualquier cosa, hasta las acciones más comprometedoras. En este tema, su lema es: "Si niego una infidelidad, esta deja de existir". Eso sí, si Géminis resulta el engañado, no olvidará la traición y probablemente se aleje para siempre del infiel.

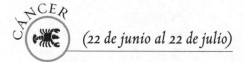

CÁNCER *(22 de junio al 22 de julio)*

Tu canceriano en general suele ser fiel cuando entrega su corazón a una persona que comprende sus estados de ánimo y sensibilidad. Al ser tan intuitivo, descubre enseguida una infidelidad, y aunque pueda llegar a perdonarla, nunca la olvida. La principal razón de que llegue a perdonar a su pareja infiel es la salvación de la unión familiar, sobre todo si hay hijos de por medio. La contradicción es que puede ser coquetón en ciertas ocasiones, aunque esté en pareja. Pero eso no va más allá de un simple coqueteo.

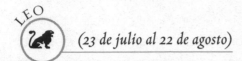

LEO

(23 de julio al 22 de agosto)

Tu leonino no es propenso a ser infiel porque para Leo esto sería rebajarse, "ensuciar" los valores de los cuales se siente orgulloso. Sin embargo, puede llegar a pecar si deja de admirar a su pareja; si deja de sentirse verdaderamente orgulloso de ella. O si su pareja deja de hacerle sentir imprescindible, o lo humilla. No suele perdonar una infidelidad, y una vez que siente que su orgullo ha sido herido, puede convertirse en el peor enemigo.

VIRGO

(23 de agosto al 22 de septiembre)

Perfeccionista y con un sentido muy crítico de la vida, tu virginiano cree en la fidelidad como base de la pareja. Cuando supera su dificultad de expresar más abiertamente sus sentimientos, puede convertirse en un excelente amante. Aunque tenga posibilidades de engañarte, siempre hará un gran esfuerzo para no caer en la tentación. Eso sí, no le dará mucho trabajo descubrir infidelidades porque es muy perspicaz. Así que cuidado con engañar a un virginiano porque suele olfatear de lejos si su pareja anda en malos pasos.

LIBRA

(23 de septiembre al 22 de octubre)

Este es un signo caracterizado por la indecisión, y precisamente es esa condición la que puede frenar al libriano de cometer una infidelidad. ¿Lo hago o no lo hago?, va a preguntarse a menudo, sin decidirse. Podría llegar a vivir una fantasía amorosa poderosa solo en su mente, y durante muchos años, pero no se atreve a llevarla a cabo. Sin embargo, si llegara a ser infiel, lo haría de una manera tan secreta que no interferiría con su vida personal. Aunque su sentido de la justicia lo llenaría de remordimientos difíciles de soportar a largo plazo. Y es también ese sentido de justicia lo que hace que jamás perdone que lo engañen.

 ESCORPIO *(23 de octubre al 22 de noviembre)*

Siendo el signo más sexual del zodíaco, podría pensarse que Escorpio es el más infiel, pero no es así. Lo que sucede es que debido a su temperamento ardiente y fascinación por las situaciones peligrosas, le cuesta mucho decir no a las tentaciones. Pero, por otro lado, su sentido de lealtad y amor por la familia generalmente pesan más que todo lo demás. Sin embargo, cuidadito si su pareja le es infiel. Podría volverse una fiera contra el pecador y su amante, y buscar vengarse de ambos. Con el tiempo puede ser que perdone, pero también se lo recordará al infiel por el resto de su vida. En el momento menos pensado, ¡zas!, se lo echa en cara sin ningún miramiento y aunque haya gente presente.

 SAGITARIO *(23 de noviembre al 21 de diciembre)*

A pesar de lo que podría pensarse, tu sagitariano es bastante fiel, en especial en la edad adulta. Lamentablemente muchas veces la gente confunde su espontaneidad con coquetería sexual, y puede que se dude de sus intenciones. De lo que no cabe duda es que si el hijo de este signo siente que su pareja lo está "amarrando" y demandándole mucho, podría buscar en otro lado a alguien que lo haga sentir más cómodo. Y en ese caso puede cometer infidelidad como un "escape" para recuperar su libertad. Si el que se siente engañado es él, recurrirá de inmediato al conocido refrán "ojos que no ven, corazón que no siente". Y seguirá tranquilo su camino.

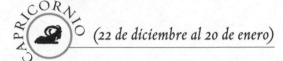 *(22 de diciembre al 20 de enero)*

Si hay algo en lo que Capricornio es inamovible e inflexible, es en los asuntos de infidelidad. Muy difícilmente la perdona, y si sigue con la pareja infiel es para preservar la unidad familiar y, en muchos casos, la estabilidad económica. Así que no tiene mucha tendencia a ser el infiel de la relación. Eso sí, si llegara a cometer una infidelidad, lo haría de una manera tan secreta, discreta y planificada que rara vez lo descubrirían. Al ser por lo general prudente y metódico, puede llegar a elaborar el plan perfecto sin que nadie resulte dañado, aunque los remordimientos estarán siempre presentes en su mente.

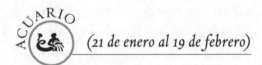 *(21 de enero al 19 de febrero)*

La amplitud mental de Acuario le permite amar a muchos de forma universal y platónica, pero solo se entrega a uno en cuerpo y alma, y esto por lo general no sucede en la primera juventud. ¡Y cómo se entrega! En realidad la infidelidad no es una tentación para él, pero si no se siente satisfecho con su pareja, puede que sucumba. Lo más probable es que en ese caso sea honesto, y más temprano que tarde lo confiese, para luego hacer las valijas y marcharse. Por otra parte, no le cuesta mucho perdonar una infidelidad porque es de los que piensa que todos merecen una segunda oportunidad.

PISCIS *(20 de febrero al 20 de marzo)*

Tu pisciano tiende a ser fiel y sufre mucho si lo engañan. Le cuesta reclamarle a esa pareja que lo engañó, así que tratará de disfrazar la realidad de una manera que no duela tanto. Tratará por ejemplo de justificar las llegadas tardes, las llamadas de teléfono en la madrugada… Pero a pesar de que parece que no se da cuenta del asunto, o que no le da tanta importancia, en el fondo de su corazón nunca olvidará esa traición. Eso sí, si él es el infiel, te aseguro que se delatará fácilmente porque no sabe disimular acciones que van contra sus principios morales.

CAPÍTULO 6

EMPUJONCITOS PARA DEJAR A QUIEN NO TE CONVIENE

Introducción

¿Sabías que un cuadrilátero de boxeo y una relación amorosa tienen mucho en común? Sí, déjame explicarte. En un combate de boxeo, cuando a un luchador le han dado una paliza y está tan golpeado y débil que no puede continuar, su entrenador lanza una toalla blanca a la lona para indicar que el boxeador se rinde. En la mayoría de los casos, el peleador cree que puede controlar la situación y no quiere parar la pelea, pero el entrenador sabe muy bien que sería un gran riesgo continuar la contienda, pues le puede causar graves heridas y hasta la muerte. Por eso, decide que para el boxeador lo mejor es darse por vencido y rendirse.

En las relaciones amorosas sucede lo mismo: Hay momentos en los que debes tirar la toalla y aceptar que una relación no te conviene. Pero como no tienes a un entrenador que te proteja, tú aguantas por meses o años malacrianzas, faltas de respeto, humillaciones, celos, infidelidades o hasta golpes. En este capítulo quiero ser tu entrenadora y ayudarte a tirar la toalla. Al igual que un boxeador herido, tú también debes retirarte a tiempo para evitar profundas heridas emocionales o físicas que pueden marcarte de por vida.

Hay que saber cuándo dejar de invertir tiempo y esfuerzo en una relación que no tiene solución. Si diste lo mejor de ti y trataste por todos los medios de arreglar las circunstancias pero nada mejoró, es hora de retirarte a tiempo antes de que te noqueen. Renunciar no significa perder; reconocer que una relación no te conviene y abandonarla es más bien un acto de valentía. Acepta que hay cosas en la vida que aunque ruegues, llores y patalees no se van a dar. Y ten la seguridad de que algo mejor se presentará.

En este capítulo te daré las señales claras que te indican si estás con la persona equivocada. También aprenderás a reconocer si un hombre está o no está enamorado de ti.

Aquí descubrirás si el amor dura para siempre o si el amor se acaba. Entenderás la diferencia entre una relación que está pasando por problemas y otra en la que el amor se extinguió para siempre. Los siguientes empujoncitos te ayudarán a deshacerte de lo que no te beneficia para que puedas abrir espacio y recibir lo que realmente está guardado para ti.

Al final del capítulo nuestra astróloga de cabecera, Alicia Morandi, compartirá contigo su exclusivo horóscopo que te enseñará cómo decir adiós a tu pareja sin lastimarlo, según su signo zodiacal.

Empujoncito 69

Señales de que *no* está enamorado de ti

Diariamente recibo llamadas en mi programa de radio de personas que necesitan un empujoncito para tomar una decisión importante en su vida. Como la que recibí de una oyente que me llamó para decidir qué hacer con el hombre que ama.

—María, llevo años viviendo con mi novio. Lo amo intensamente pero no me siento correspondida. Por eso, quise llamarla hoy para que me ayude a tomar una decisión —me explicó angustiada.

—¿Por qué dices que no te corresponde? ¿Qué te ha hecho para que pienses eso? —pregunté antes de llegar a ninguna conclusión.

—Siento que no le importo —respondió triste.

—¿Cómo sabes que no le importas? —pregunté, interesada en saber más sobre la relación con su pareja.

—Para él, su trabajo, su mamá y la botella son lo primero, después vienen su carro y sus amigos. Hasta el perro viene antes que yo. Soy la última en su lista; a mí no me toma en cuenta para nada. Yo lo busco todo el tiempo, me preocupo por él, le aguanto sus borracheras, le preparo todo lo que le gusta y le doy todo lo que me pide. Le he dicho de mil maneras que me siento sola y abandonada, pero él solo me dice que soy demasiado sensible y que pido demasiado —concluyó la oyente.

—¡Mujer!, si todo lo que me has dicho es cierto, tú no necesitas mi ayuda para tomar esta decisión. No seas ciega y haz lo que tienes que hacer. Ese hombre no te quiere —le dije con firmeza—. ¿Hasta cuándo vas a aguantar?

Así como esta oyente hay millones de mujeres que no son correspondidas por su pareja, pero siguen atadas a alguien que no las ama de la manera que ellas merecen. Se cubren los ojos ante la realidad para no tener que enfrentar una separación dolorosa o un divorcio o simplemente quedarse solas.

Este empujoncito te quitará la venda para que sepas de una vez y por todas si tu pareja te quiere o no. He aquí las señales que delatan a alguien que no está enamorado.

❌ **No eres su prioridad.** Cuando un hombre está enamorado de ti, eres la primera entre sus prioridades. Él quiere complacerte a ti antes que complacer a otros o a sí mismo. Por ejemplo, cuando te invita a salir, no importa que se le presenten otros planes con sus amigos o con su familia, él honra su compromiso contigo. ¡Eres su prioridad! Sientes la confianza de que él va a estar ahí para ti, cuando lo necesites.

❌ **Le preocupa tu seguridad.** Un hombre que te ama trata de anticipar cualquier situación que te ponga en aprietos. Si tienes un auto viejo y debes desplazarte a un lugar distante, él te ofrece el suyo, que es más seguro. Se preocupa por tu bienestar tanto físico como emocional. Un hombre que te ama siempre se preocupa por que no te pase nada malo y es incapaz de exponerte al peligro. ¡Te protege a capa y espada!

❌ **Le interesa tu familia.** Aunque un hombre no se lleve con los tuyos, él siempre está dispuesto a visitarlos con tal de complacer a la mujer que ama. Tal vez no le guste como cocina tu mamá, o cuando se reúnen en familia acaban siempre en una guerra; sin embargo, él se aguanta porque quiere verte feliz junto a ellos.

❌ **Nunca olvida fechas importantes**. La persona que está enamorada de verdad nunca olvida ocasiones especiales como cumpleaños o aniversarios. Tiene buena memoria. Claro está que hay hombres olvidadizos, pero si está enamorado, hará el esfuerzo para acordarse, ya sea creando un recordatorio en su celular, poniendo una nota en su escritorio o, si es necesario, se tatúa la fecha de aniversario en su brazo para que no se le olvide. Si una ocasión es especial para ti, también lo será para él.

✖ No te crea dudas. Una señal clara de que alguien no está enamorado de ti es que dudas de su amor. Si tienes que deshojar margaritas —me quiere, no me quiere—, lo más probable es que no te quiere. Cuando alguien te quiere de verdad, su amor es tan sincero que no necesitas ni que te lo diga para tú sentirlo. Jamás tendrás que preguntarte si te ama.

Si un hombre no muestra esta conducta, aunque te diga que eres el amor de su vida, probablemente no te quiere de la manera que tú mereces. Como dice el refrán, las acciones dicen más que las palabras.

Empujoncito 70

Acepta que no te conviene y déjalo ir

Este empujoncito les dará una bofetada a todos los que necesitan acabar de aceptar que están con la persona equivocada. He aquí tres señales de que estás con un bueno para nada.

1 A tus familiares y amigos no les agrada tu pareja. Una de mis amigas decidió casarse a pesar de las advertencias contra su novio de todos los que la queremos. Sabíamos que ese muchacho no le convenía porque lo habían visto con otras mujeres. Algunas de sus amigas le comentaban que su prometido coqueteaba con ellas. Ella se negaba a ver la realidad y decía que eran chismes, que le tenían envidia. Hasta sus padres detestaban al novio. Sin embargo, ella estaba obstinada y decidió casarse. Su matrimonio duró solo un año, tal y como lo habíamos pronosticado. Cuando las personas que más te quieren te advierten de algún peligro, escúchalos. Ellos no tienen la venda del amor en los ojos y por eso pueden ver los comportamientos negativos que tiene tu pareja, y que tú te empeñas en ignorar o justificar.

2 **Sientes que no puedes ser tú misma.** Si tienes que cambiar tu forma de vestir, tus gustos, tus tradiciones y hasta cómo te comportas con otros, o dejar de hacer lo que antes disfrutabas con tal de complacer a tu pareja, estás con la persona equivocada. Debes estar con alguien que no quiera cambiarte y te acepte tal como eres. En esta vida para sentirse pleno, hay que tener la libertad de poder expresar lo que somos.

3 **Tu intuición te lo dice.** Cuando estás con la persona equivocada, aunque no quieras oír lo que tu familia y amigos te dicen, hay una voz interior que te susurra: "Esa persona no te conviene", "tú mereces alguien que te trate mejor", "sal de ahí, no pierdas más tiempo", "ármate de valor y déjalo ya", "no aguantes más". Si te encuentras en una relación amorosa que no te conviene, no hagas oídos sordos, tú sabes perfectamente lo que tienes que hacer, pero no quieres enfrentar la realidad porque le tienes miedo al dolor de pasar por una ruptura, temes hacer sufrir a terceras personas y te da terror quedarte sola.

Quiero concluir recordándote que, cuando estás en una relación que no te conviene, siempre te vas a sentir insegura, ansiosa y frustrada. Por el contrario, la señal más clara de que estás en la relación indicada es que sientes paz y tranquilidad.

71

¿Adicta a un hombre?

Cuando estaba estudiando en la universidad conocí a una chica muy guapa y simpática; llamémosla Maritza. Estaba "loquita" por un muchacho que tomaba la clase de contabilidad con nosotras. Poco a poco se fueron dando las cosas y acabaron de novios. Al principio todo iba viento en popa, pero poco a poco la relación se fue deteriorando por el comportamiento tan controlador y posesivo de este chico. Desconfiaba de ella y continuamente la acusaba de haberlo traicionado. No era sorpresa que Maritza llegara un día con los ojos hinchados de tanto llorar la noche anterior, y tampoco era sorpresa que ese mismo día su novio no llegara al salón de clases. Una vez, después de una de sus peleas épicas, vino a mi casa llorando: "María, sé que tengo que salir de esta relación, pero no puedo... ¡es como una droga!".

En varias ocasiones ella había tomado la firme decisión de terminar con él, pero siempre que lo hacía comenzaba a experimentar los mismos síntomas de desesperación que sufre un alcohólico o drogadicto que está tratando de abandonar el vicio. Por eso, cuando él regresaba a rogarle que lo perdonara, ella flaqueaba y regresaba al vicio otra vez.

Al igual que Maritza, hay muchas mujeres adictas a una relación. Algunas permanecen por razones financieras o por los hijos, otras se sienten responsables por su pareja y no quieren herirlo, mientras que muchas se quedan por terror a estar solas.

Una relación adictiva destruye tu autoestima y puede causar daños físicos, ya sea mediante abuso corporal o bien sea causado por estrés y desequilibrios químicos que deterioran la capacidad de una persona de desenvolverse al máximo. En este vínculo tóxico ninguno de los dos puede progresar en su vida personal o profesional hasta que uno se aparta del otro.

La siguiente lista te revela los comportamientos más comunes de un adicto a una relación.

1 Sabes que es una unión catastrófica, y tus familiares y amigos te han dicho que tu pareja no te conviene, pero evitas tomar pasos efectivos para dejarla.

2 Cuando tratas de terminar la relación, comienzas a desmejorarte y te enfermas. Por ejemplo, te da dolor de estómago, jaqueca, vómitos, ansiedad, etc. Estos síntomas solo desaparecen cuando regresas con él.

3 La mayoría del tiempo están en guerra y discutiendo, pero tiendes a enfocarte en los escasos momentos buenos que han existido.

4 Cuando comienzas a pensar en finalizar la relación, sientes tanto miedo que te apegas a él aún más.

5 El único interés y enfoque que tienes en esta vida es esta relación.

Quien se identifica con estas características, seguramente se encuentra en una relación adictiva y ha perdido el control de su vida. Debe reconocer que esta unión es destructiva tanto para la persona adicta, para la pareja que tiene y para sus hijos.

El primer paso para superar este tipo de adicción es hacer lo mismo que un alcohólico: admitir que tiene un problema y buscar ayuda profesional. Este problema de las relaciones adictivas es tan serio que existen muchas instituciones que ofrecen apoyo. Una de ella es Love Addicts Anonymous (Adictos anónimos al amor); si quieres buscar información, puedes visitar su página web, www.loveaddicts.org.

Si reconoces que estás adicta a tu pareja, tienes que hacer de tu recuperación una prioridad. Sé egoísta y enfócate en satisfacer tus necesidades. ¡Tú eres la persona más importante que existe para ti, comienza a quererte y a recobrar el control de tu vida!

72 Cuando el amor se acaba...

Dicen que el amor es eterno. Yo creo que es eterno hasta que se acaba. Así como lo oyes, ¡el amor se acaba! El problema es que muchos no saben cómo diferenciar entre una relación que está pasando por problemas y otra en la que el amor se extinguió. Este fue el caso de mi amigo Rolando.

—María, creo que mi relación con Lucía llegó a su fin —me confesó afligido.

—¿Por qué dices eso? —pregunté asombrada.

—¡Porque el amor se acabó! Peleamos todo el tiempo, a ella solo le importan los niños y ya no nos entendemos en la cama —me explicó frustrado.

—¿Estás seguro de que el amor se acabó? Esas son palabras bien serias. ¿Sabes lo que estás diciendo?

—¡Sí! —afirmó con seguridad.

—Si estás tan seguro, déjame hacerte un par de preguntas. Si Lucía decidiera desaparecerse por un par de días sin darte explicaciones, ¿te molestaría?

—¡Por supuesto que me molestaría! Todavía estamos casados —respondió preocupado.

—Próxima pregunta: ¿Todavía deseas a Lucía sexualmente?

—¡Claro que sí! —exclamó con una pícara sonrisa.

—Pues te tengo buenas noticias, mi querido Rolando: Todavía el amor no se ha acabado en tu relación —le dije con aires de sabiduría y le expliqué—: Si alguien aún desea sexualmente a su pareja y además se molesta porque se vaya sin dar explicaciones a buscar lo que no se le ha perdido, eso significa que todavía ama a su pareja.

Mi amigo Rolando, al igual que muchas personas, cree que el amor se acabó cuando realmente lo que ha sucedido en la relación es que han confundido sus frustraciones, enojos, decepciones y resentimientos con la certeza de que el amor se extinguió.

Así como le revelé a mi amigo algunas señales de que el amor todavía no se había terminado en su relación, quiero darte a conocer las señales que indican si el amor realmente se acabó.

No soportas a tu pareja. Hallas faltas en su comportamiento y en todo lo que hace. Detalles a los que antes no prestabas atención o hasta te gustaban, ahora no los aguantas. Por ejemplo, en el pasado su risa te parecía contagiosa; ahora te fastidia. Y cosas que antes pasabas por alto, ahora no las soportas. Digamos que tu pareja nunca tuvo buenos modales en la mesa pero no le dabas tanta importancia; sin embargo, hoy, cuando lo ves comer con la boca abierta, te da repugnancia. Si tu pareja te cae como una patada en el estómago, eso significa que ya el amor se extinguió.

Anhelas recuperar tu libertad. Quieres distancia. Tu pareja ya no figura en tus planes divertidos. Prefieres salir o reunirte con amigos y que él no esté presente. Te encantaría irte de viaje ¡pero sin su compañía! Piensas que serías más feliz viviendo sola en tu propio apartamento y hasta en otra ciudad.

Brilla la indiferencia. Ya no te interesa su vida: si llega tarde, si no te llamó, si no es cariñoso, si no tiene detalles:

todo te da igual. En vez de complicarte o frustrarte con su comportamiento, lo ignoras. En otras palabras, te importa un pepino lo que haga o deje de hacer.

❌ Fantaseas con otros. El otro hecho contundente de que se agotó el amor es que comiences a mirar para el lado. Tienes fantasías sexuales con otras personas, y si aparece la oportunidad de ser infiel, lo harías sin remordimientos, porque ya no te importa el compromiso de tu relación. Si alguien te hace un cumplido o te sonríe coquetamente, de inmediato te pasa por la mente la idea de tener una aventura.

❌ Silencios eternos. Una de las cosas más tristes que pasa cuando todo acabó en tu relación es descubrir que no tienes tema de conversación: ya no hay nada de qué hablar. Puede que te pasen cosas interesantes durante el día, pero no tienes ganas de compartirlas con tu cónyuge.

❌ Cero intimidad. Este es el indicador más evidente de que ya no hay amor. Si los besos, los abrazos, las caricias y los encuentros sexuales se esfumaron, o si te da repulsión tener sexo con tu pareja, eso significa que el amor se acabó.

Si observas estas señales en tu relación, sin duda ya no eres feliz. Es imposible sentir felicidad cuando tienes que compartir tu vida con alguien a quien no amas, o con alguien que no te ama ti. Sé honesta contigo misma: Si el amor se acabó, es hora de tomar una decisión, y tú sabes cuál es. Recuerda: Cuando dos personas se aman, cualquier problema se puede superar, pero cuando el amor se acaba, no hay nada que hacer.

73 ¿Vale la pena seguir luchando?

¿Alguna vez has estado en una relación en la que pones todo tu esfuerzo y dedicación, pero la otra parte no hace nada? Todos en algún momento hemos luchado con todas la ganas del mundo por hacer que una relación funcione, sin embargo, a la otra persona le importa un bledo.

Es muy difícil vivir con alguien que no pone de su parte para mejorar. Cuando esto sucede, te desgastas emocionalmente y ves cómo tus ilusiones se hacen cada vez más inalcanzables.

Antes de continuar con esa persona por costumbre, miedo, dependencia económica, por los hijos o hasta por "el qué dirán", debes plantearte si realmente vale la pena sacrificar tu presente y tu futuro por esa relación.

Si estás esperando a que tu pareja cambie para lograr tu felicidad, déjame decirte que las probabilidades de que eso suceda son las mismas que tienes de ganarte el premio gordo de la lotería. Recuerda que nadie cambia. Seguramente llevas mucho tiempo contagiándote de su negativismo y estás harta. Si has tratado por todos lo medios de llevar la fiesta en paz y has dado lo mejor de ti para hacer que la relación funcione pero no recibes a cambio lo que mereces —respeto, apoyo, compresión y lealtad—, considera que, por más doloroso que sea, es mejor terminar esa relación antes de que termines amargada. Tú eres la única responsable de tu felicidad. Te recuerdo que nadie que traiga ansiedad o inseguridad a tu vida es bueno para ti.

Cuatro razones que justifican un divorcio

¿Cómo saber si debo divorciarme o no? Esta pregunta se la han hecho miles de mujeres que necesitan tener razones de peso para poder armarse de valor y tomar la decisión de separarse. Aunque yo no fomento el divorcio, sí quiero guiar a todos los que no se sienten seguros de dar ese paso. Por eso, quiero mostrarte cuatro situaciones destructivas ante las cuales una mujer debe exclamar: "¡Se acabó! ¡No aguanto más!". Las he bautizado como "las cuatro A" porque todas comienzan con esa letra: abuso, adicción, adulterio y ¡aprovechados!

✖ Abuso. Muchas mujeres maltratadas no se divorcian porque piensan que solitas no podrán mantenerse y proveer para sus hijos. Otras aguantan por miedo a las amenazas de muerte que les han hecho sus maridos o las amenazas de que se llevarán a los niños y nunca los volverán a ver. Y las más ingenuas se aferran a la esperanza de que la situación cambiará. Pero los estudios muestran que la violencia doméstica es de naturaleza repetitiva: Quien abusa de ti una vez, lo volverá a hacer, y con más fuerza. Te recuerdo que el maltrato físico, emocional o verbal ¡es inaceptable!

✖ Adicción. Si tu pareja tiene un problema de drogas, alcohol, apuestas, pornografía o cualquier vicio y no está dispuesto a buscar ayuda profesional para superarlo, las posibilidades de salvar la relación son nulas. Algunas se sienten culpables al recordar que han jurado que estarían con él en las buenas y en las malas. Cierto, pero no juraste ponerte en peligro a ti y a tus hijos a causa de su comportamiento impredecible por su adicción a las drogas y al impacto financiero que esto representa.

Adulterio. La herida emocional más difícil de sanar es una traición. Pocas parejas logran superar una infidelidad y vivir felices. Y si lo logran es porque el engaño sucedió solo una vez. Repito, ¡una vez! Si le perdonaste una infidelidad y te volvió a engañar... ¡Divórciate! O acepta que te volverá a traicionar.

Aprovechados. Hay mujeres que se quejan de que están con un hombre mantenido que no aporta ni un centavo a la economía del hogar y, para colmo, tampoco coopera con las tareas de la casa o el cuidado de los niños. Un hombre que actúa así no te quiere, no te valora y no te respeta. Mi pregunta para las que lo aguantan es: ¿Cuál es el beneficio de estar con un vago, mantenido y desconsiderado?

Nadie se casa con la esperanza de divorciarse algún día, pero si eres víctima de una de las cuatro A, ármate de valor y sal de esa relación. Tú tienes el derecho a ser feliz.

Empujoncito 75 — Esclavitud o divorcio

Tengo una amiga que se divorció tras 20 años de matrimonio. Estuvo casada con un hombre emprendedor y buen proveedor. Ella nunca careció de cosas materiales —¡hasta un Jaguar tenía!—, sin embargo, su marido era horrendo porque la maltrató física y verbalmente.

Al conocer su historia, le pregunté por qué se esclavizó por tanto tiempo y me respondió: "Desde el segundo aniversario de bodas supe que sería una infeliz y que tenía que dejarlo, pero permanecí casada por el bienestar de mi hija". Así como ella, muchas mujeres saben que deben finalizar una mala relación, pero renuncian a su felicidad por la tribulación que causarán en la vida de sus hijos.

El tema sobre si conservar o no una relación por los hijos es de los más polémicos. Yo opino que un matrimonio en el que falta el amor o el respeto no debe continuar solo por los hijos.

El hogar es el primer sitio donde los niños aprenden acerca de un vínculo amoroso. Sus futuras relaciones inevitablemente estarán influenciadas por lo que aprendieron en casa de la conducta de sus padres. Si tu hija observa que no te sientes querida, entonces ella perderá la esperanza de que un día pueda ser amada.

Además, los niños se sienten responsables de la felicidad de sus padres. Si tú no estás contenta, ellos tampoco lo estarán. Y aunque trates de ocultar tu infelicidad, de todos modos ellos la percibirán. También se traumatizan porque creen que son la causa de la discordia que existe entre sus padres, y se sienten responsables por la hostilidad que hay en el hogar.

Tu trabajo como madre es buscar el beneficio de tus hijos, aun cuando ellos no estén de acuerdo. Por ejemplo, si a la hora de dormir tu hijita dice que no quiere irse a la cama, aunque comience a llorar y diga que eres injusta, no cambiarás tu decisión porque sabes que haces lo correcto. Lo mismo sucede cuando confrontes a un hijo con un divorcio. Al principio llorará y pensará que es injusto, pero al pasar de los años entenderá que no lo hiciste únicamente por tu bien, sino también por el de ellos.

Le pregunté a una amiga si había pensado en que un día su hija le diría agradecida: "Mami, te doy las gracias por haber permanecido con mi papi por tantos años a pesar de que te sentías desdichada e infeliz. Estoy orgullosa de ti por el sacrificio heroico que hiciste y porque estuviste dispuesta a renunciar a los mejores años de tu vida por mí. ¡Gracias!". Ella me contó, apenada, que hoy día su hija en vez de agradecimiento siente lástima por ella, y le confesó que lo más duro no había sido el divorcio ni los años después del mismo, sino el tiempo que vivió en su casa viendo a su madre sufrir.

Si tienes el dilema de divorciarte o continuar tu relación, te aconsejo que trates de arreglar tu situación por todos lo medios, pero si te das cuenta de que no tiene solución, entonces toma los pasos necesarios para una separación. No esperes veinte años como mi amiga para encontrar tu felicidad.

Empujoncito

76 Cómo sobrevivir a una separación

Un divorcio es algo que no se lo deseo ni a un enemigo. Por experiencia propia sé lo triste que es acabar una relación con la persona con quien forjaste tantos sueños. La parte más difícil de divorciarse no es tomar la decisión de separarte o firmar los papeles, sino el largo proceso de recuperación que viene después de la separación. En este empujoncito te voy a dar un consejo muy valioso para poder sobrevivir la tormenta emocional que hay que enfrentar cuando el amor acaba.

Lo primero que tienes que hacer es tener bien claras las razones de por qué decides acabar la relación. Durante un divorcio se sufre un conflicto emocional interno. Por ejemplo, quien decide acabar la relación siente una gran culpa o lástima por su pareja, pero a la vez está seguro de que tomó la decisión correcta. Por otro lado, quien es dejado, se siente traicionado y rechazado, pero al mismo tiempo sabe que su vida será mejor, lejos de alguien que no lo valora. Este tipo de contradicciones no te permite avanzar porque tienes un pie en el pasado y otro en el futuro. En vez de sentir culpa, mejor enfócate en las razones por las que hayas decidido divorciarte: "Acabé mi matrimonio porque necesito encontrar paz y felicidad" o "decidí divorciarme porque merezco respeto". Y si tu pareja fue quien quiso la separación, en vez de sentir ira, enfoca tus pensamientos en los motivos por los que te conviene salir de esa relación: "Valgo mucho para estar con alguien que no me quiere". Cuando estás claro en la razón por la que debes mirar hacia el futuro, es más fácil olvidar el pasado. Te recuerdo las palabras del exitoso empresario Henry Ford: "Un fracaso es una gran oportunidad para empezar otra vez con más inteligencia".

Empujoncito 77
Acepta tu nueva realidad

Luego de un divorcio vas a enfrentar cambios drásticos. La mejor manera de adaptarte a esta nueva etapa es aceptar que nada va a ser como antes. Acepta que tu situación económica cambiará por completo y tendrás que hacer ajustes en tu estilo de vida. Acepta que tu círculo de amistades no será el mismo. Acepta que por un buen tiempo tus hijos mostrarán su rechazo a la separación con actitudes de rebeldía. Acepta que en muchas ocasiones te sentirás sola, triste e insegura. Y para aquellas que tienen la ilusión de que el ex regresará un día arrepentido, ¡acepta que todo acabó! Admitir desde el principio que habrá una transformación te prepara para cuando lleguen esos momentos difíciles. Nada será igual, pero lo que viene será mejor que lo que tenías.

¿Cómo olvido a mi ex?

¿Cuánto tiempo toma olvidar a quien nos dejó el corazón hecho pedazos? Puede tomar meses y hasta años. Hay quienes incluso han tratado de olvidar al ex eliminándolo de Facebook, borrando las fotos del teléfono y hasta quemando todos los recuerdos que tenían. Sin embargo, todavía lo llevan clavado en el corazón. Si no has podido borrar el recuerdo de tu ex, sigue estos tres sencillos pasos y te garantizo que finalmente dejarás de pensar en él.

No lo menciones más

El diálogo siguiente ilustra uno de los errores que muchas mujeres cometen tras romper con su pareja: Hablar obsesivamente de él.

—Hoy es un día muy triste para mí porque no voy celebrar mi cumpleaños con él —dice Patty, quien tiene el corazón partido.

—Tranquila, hoy por tu cumpleaños te voy a llevar al restaurante chino que tanto te gusta —le contesta su amiga Sonia.

—¡Qué bien! Me encanta ese restaurante, me recuerda a mi ex. A él le fascinaba el pollo agridulce que preparan allí —expresa Patty nostálgica.

—¡Ay, no! Entonces mejor te llevo al cine a ver la nueva película de Sofía Vergara. Dicen que está buenísima —le sugiere Sonia para evitar que Patty se aflija.

—¡Sí! Qué bueno, me han hablado de esa película. Mi ex es fanático de Sofía Vergara. A lo mejor me lo encuentro ahí —dice esperanzada.

—Patty, ¡basta ya!, no quiero oír más de tu ex. ¡Supéralo! —le dice imperativamente—. Deja de hablar de él, ¡pareces una colegiala!

—Perdóname, tienes razón... Mi ex también me decía que soy muy inmadura.

—¡Otra vez vuelve la burra al trigo! —responde Sonia frustrada y hace un gesto de fastidio.

El caso de Patty es muy común entre los recién separados. Cada vez que tienen la oportunidad de sacar a relucir el nombre del ex, lo hacen inconscientemente. Pero, ¿cómo pretendes olvidarte de alguien que continuamente estás nombrando? ¡Deja de hablar de tu ex! Cada vez que lo mencionas es tóxico para ti. De ahora en adelante cuando te des cuenta de que estás hablando de él, ¡para!

No recuerdes lo bueno

Una de las razones por la que no puedes olvidarte de tu ex es porque en vez de recordar todo lo malo que viviste con él, solo recuerdas los buenos momentos. En vez de pensar en lo sabroso que se besaban y en lo delicioso que hacían el amor, mejor haz una lista de todas las cosas malas: de cuando te mintió, de cuando te fue infiel, de cuando te gritaba y de cuando te hizo llorar. Lleva esta lista contigo y cada vez que te acuerdes de él, mírala. Verás que rápido se te van los deseos de volver a verlo.

Bloquea su número telefónico

Mientras el teléfono de tu ex permanezca grabado en tus contactos, cada vez que timbre mirarás la pantalla con la esperanza de que sea él quien te llama. Y cuando te das cuenta de que fue otro quien llamó, te sientes desilusionada. Y pasas por esta tortura cada vez que timbra tu celular. Pero una vez que llames a la compañía de teléfonos y bloquees su número, tendrás paz y tranquilidad ya que nunca más estarás ansiosa esperando una llamada o texto de él. Si realmente quieres olvidar a tu ex pero te sientes débil, una vez que bloquees su número, no tendrás la tentación de responder sus llamadas o sus textos.

Sigue estos tres consejos y te aseguro que su recuerdo se alejará de tu corazón.

Empujoncito

79

Qué hacer para no volver con tu ex

A Albert Einstein se le atribuye la frase: "Locura es hacer lo mismo una vez tras otra y esperar resultados diferentes." Cuánta razón tenía el señor Einstein, y su *dictum* se aplica no solo en el campo de la experimentación científica sino también en el campo del amor.

Hay muchos "locos" por ahí que vuelven una y otra vez a la misma relación que no funcionó y esperan resultados diferentes. Según un estudio de la Universidad de Kansas, las relaciones cíclicas —las de parejas que se separan y se reconcilian continuamente— tienen cada vez más problemas, y si llegan a casarse se convierten en matrimonios infelices. En este empujoncito te voy a dar unas claves para que no tengas la tentación de caer en la "locura".

1 Nada de amistad. Tu ex tratará de convencerte de que sean amigos, pero esto es una estrategia para permanecer en tu vida y tratar de reconquistarte y volver a lo mismo. Si quieres ser su amiga, tienes que dejar que pase mucho tiempo hasta que ambos hayan dejado atrás todos los sentimientos de atracción.

2 Nada de sexo. Tu ex insistirá en que pueden tener sexo sin ningún compromiso o te rogará: "Una vez más, por favor... solo quiero que me des una noche especial y ya no te vuelvo a molestar". No se te ocurra caer en esta trampa de acostarte con él. En vez de superar la ruptura, estarás retrocediendo. Seguir enganchada sexualmente no te permitirá sanar tu corazón ni te dará la oportunidad de encontrar nuevamente el amor.

3   Inventa una relación. Si tu ex no te deja tranquila y continúa buscándote, dile que has conocido a alguien, aunque no sea cierto. Una mentirilla piadosa es aceptable en esta situación. Y si continúa insistiendo, utiliza el consejo del empujoncito anterior: Bloquea su número de teléfono y todo tipo de contacto que te pueda ligar a él.

Las exparejas son importantes porque te enseñan mucho. En cada relación que has tenido has aprendido a entender a otras personas, cómo poner las necesidades del otro antes que las tuyas y, lo más importante, aprendiste lo que quieres y lo que no quieres en una pareja. Sin embargo, no podrás utilizar toda esta experiencia que tanto trabajo te costó aprender si siempre estás reviviendo la misma relación. ¡Así que déjalo ir! Puede ser difícil al principio, pero te prometo que hay alguien mucho mejor para ti allá afuera, ¡y no es tu ex!

Empujoncito 80

¿Puede un clavo sacar a otro clavo?

Después de una ruptura amorosa en la que te dejaron el corazón hecho pedazos, el alivio más recetado por casi todos los que te quieren es que adquieras un martillo con un par de clavos: "Despreocúpate, que un clavo saca a otro clavo". ¿Realmente funciona este remedio? Como todo en la vida, unos alegan que sí y otros que no. Yo opino que, martillando un nuevo clavo, puedes acabar con un dedo machucado.

Cuando termina un romance por una traición, por celos enfermizos, porque se acabó el amor, por una muerte, o por la razón que sea, nuestro corazón se encoge de sufrimiento como una pasita, y pensamos que nunca volveremos a amar o ser amados de la misma forma. Pero, te advierto, por más ahogada que te sientas al terminar una relación, tarde o temprano saldrás a la superficie y podrás respirar nuevamente. Te aseguro que todos somos capaces de superar un desamor.

Pero el error que cometen muchos tras una ruptura es involucrarse rápidamente en otra relación para enmascarar el dolor y olvidarse de lo sucedido. En vez de pasar por el sufrimiento de un corazón partido y la soledad que conlleva esta situación, buscan a otro amante para ignorar el tormento que sienten, justificando sus acciones con eso de que un clavo saca a otro clavo.

El problema es que no puedes tener una relación saludable con nadie hasta que no hayas curado las heridas que sufriste en el pasado. Cuando ignoras tu dolor, tarde o temprano pagas las consecuencias. Es como si te partieras el tobillo y antes de que sane la fractura, decides ponerte unos tacones para ir bailar. Tu atrevimiento no solo te hará bailar coja, sino que también atrasará el proceso de sanación.

Asimismo sucede en el amor: Si tu corazón tiene una herida profunda y te apresuras a entrar en una nueva relación, nunca acabarás de sanarte. Tanto las lesiones físicas como las emocionales necesitan tiempo para curarse. Ten cuidado, conozco de gente que, por tantos clavos que usó, acabó crucificada. Sé paciente; la señal de que estás lista para desarrollar una relación fructífera es que el recuerdo de tu ex ya no te traiga melancolía y que dejes de comparar a tu nuevo pretendiente con tu ex.

Cómo decir adiós a una pareja sin que nadie resulte lastimado... según los Astros

Por Alicia Morandi

En este capítulo, María Marín te ha ofrecido maneras de deshacerte de aquello que no te beneficia para así poder darle la bienvenida a lo que verdaderamente puede hacerte feliz. En el caso de una relación amorosa que nos disgusta, decir adiós no es tarea fácil ni agradable, y puede dejar un rastro de lágrimas y rencores. ¿Cómo podemos decir hasta aquí llegamos sin causar daño y terminar cordialmente? Te cuento cómo lograrlo de acuerdo con el signo astrológico de esa pareja que ya no te satisface.

ARIES *(21 de marzo al 20 de abril)*

Como signo de Fuego que es, se caracteriza por ser frontal. Prefiere mil veces que le digas hasta aquí llegó el amor a que le andes con rodeos. Posiblemente al principio le caerá como un balde de agua fría porque es orgulloso y prefiere ser él mismo quien termine una relación, pero con el tiempo agradecerá tu franqueza y hasta es posible que quiera seguir siendo tu amigo. Eso sí, prepárate para que te eche en cara cada error que cometiste cuando eran una pareja. Si terminas con un ariano, es casi imposible que vuelvan a juntarse porque este signo sabe muy bien cómo cerrar capítulos de su vida para siempre.

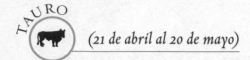 *(21 de abril al 20 de mayo)*

Si vas a dejar a un taurino, más te vale que estés muy segura de lo que haces. Si te arrepientes, no volverá contigo aunque se lo pidas de rodillas. Sé clara y concreta cuando le digas que han terminado. No le des muchas explicaciones, solo las necesarias. Como es analítico por naturaleza, escuchará callado y analizará todo lo que tienes que decirle. Si usas un tono de reproche y te pones a discutir, seguro que destrozará firmemente tus argumentos y la conversación puede tornarse violenta. Eso sí, aunque se sienta desolado por tu decisión, no perderá la compostura ni tratará de convencerte de que sigan juntos.

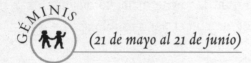 *(21 de mayo al 21 de junio)*

Con frecuencia no resulta muy difícil romper una relación con un geminiano. Como no le gustan los dramas amorosos, no pondrá objeción cuando le digas hasta aquí llegó el amor. Además, como es orgulloso, si es necesario se tragará airoso las lágrimas con tal de que no lo veas sufrir. Lo mejor es que presentes sin complicaciones tus argumentos para terminar con él. Por lo regular, con el geminiano podrás seguir una relación de amistad una vez que termines una relación amorosa. Y no te sientas culpable por romperle el corazón, porque seguro que no le faltarán mujeres que se lo quieran sanar.

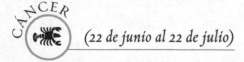 *(22 de junio al 22 de julio)*

Este signo es muy intuitivo, como todo signo de Agua, por lo que es probable que perciba tus intenciones antes de que tú se las expreses. Sin embargo, con un canceriano no será fácil terminar una relación sin sentirte culpable. Su sensibilidad y entrega a la pareja le hará sentir que no se lo merece porque dio todo de sí mismo y no lo valoraron. Aunque quizás esto no sea tan así. Lo mejor es ser comprensiva y no hacerle reproches, y mucho menos echarle la culpa. Ya bastante dolorosa es esta situación para alguien que es tan protector y siente que nadie más podría cuidarte mejor.

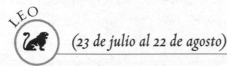

(23 de julio al 22 de agosto)

Lo peor es humillar a un leonino; eso no te lo perdonará nunca. Así que evita a toda costa herir su orgullo y dignidad. Explícale las razones de querer terminar con él de forma clara, sin rodeos y sin echarle nada en cara. Asimismo, trata de no hacer comentarios con otros sobre el rompimiento ni comentar los problemas que ha tenido la relación, porque se ofendería muchísimo si lo sabe. Si de verdad le interesas, hará lo posible por una reconciliación. Si estás segura de tu decisión, no sucumbas a sus encantos; él aprovechará cualquier debilidad tuya para retenerte.

(23 de agosto al 22 de septiembre)

Con un virginiano, una explicación honesta y clara, sin muchos detalles, será suficiente para terminar con la relación. No lo humilles ni le des falsos argumentos para evitar herirlo. Son muy observadores, por lo que no le tomará mucho trabajo descubrirlos. Esto le llenará de rencor contra ti y sacará a la luz todas tus fallas con un resentimiento difícil de olvidar. Te dirá las verdades de la forma más hiriente posible, porque sabe donde más te duele. Es posible que cuando no esté más a tu lado, empieces a darte cuenta de cualidades suyas que nunca antes habías percibido.

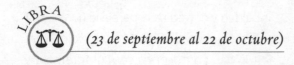

(*23 de septiembre al 22 de octubre*)

A este signo no le gustan las confrontaciones ni las discusiones, ni rogar que te quedes a su lado. Es diplomático e inteligente así que su prioridad es terminar cualquier relación de la mejor manera, ya que en su interior guarda la esperanza de que la vida lo volverá a unir con aquellos que ha amado. Por lo tanto, terminar con un Libra no te complicará mucho, o al menos eso sentirás, porque te hará ver que "aquí no pasa nada". Eso sí, explícale calmadamente por qué quieres terminar la relación, sin señalarle defectos ni hacerle reproches. Jamás le digas que te quedaste a su lado por lástima, a pesar de no ser feliz. Eso es algo que despertará su ira y puede odiarte hasta el fin de sus días.

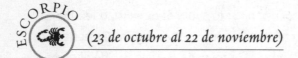

(*23 de octubre al 22 de noviembre*)

La intuición del escorpiano le hará percibir la separación bastante antes de que suceda. Pero no por eso será sencillo dar por terminada esa relación. Rencorosos e intensos, podrían hacerte sentir que eres la peor persona que habita la Tierra, sin necesidad de pronunciar una sola palabra. Si le interesa que permanezcas a su lado, puede recurrir incluso a tratar de seducirte con esa sensualidad propia de este signo. Lo mejor sería que le hablaras con franqueza y le pidieras perdón por los errores que cometiste en la pareja. Tú, no él. Sé diplomática, sin permitir que te manipule ni que te atraiga nuevamente hacia sus redes.

SAGITARIO *(23 de noviembre al 21 de diciembre)*

Lo mejor para este signo es que le hables de frente, sin mentiras ni compasión. No soporta bajo ningún motivo que le sientas lástima. Su espíritu independiente, de mente abierta, le ayuda a pasar de ser una ex pareja a ser un amigo sincero. Incluso podría llegar a perdonar una infidelidad si eres sincera con él. Pero no todo es color de rosa en un rompimiento con un sagitariano. Al ser un signo tan competitivo, no soportaría que lo compararas con alguien más. Y cuidado, puede que sin que tú te des cuenta, busque la manera de saber quién es tu nuevo amor para asegurarse de que la "competencia" no lo iguala.

 CAPRICORNIO *(22 de diciembre al 20 de enero)*

Terminar la relación con este signo es "ir al grano". Directamente y sin reproches, manteniéndote en el terreno de lo práctico, explícale la razón por la que consideras que es mejor que cada uno vaya por su lado. Sin dramas ni lamentos, el capricorniano asimilará mejor la situación y la respetará. A este signo no le gusta poner en evidencia sus debilidades, así que es poco probable que haga escenas, aunque podría recurrir a la manipulación emocional. Por lo general tiende a ser unido con su pareja, así que los rompimientos lo perturban mucho a pesar de que no lo demuestre.

 ACUARIO *(21 de enero al 19 de febrero)*

Por lo general, el acuariano rechaza el sentimentalismo y la mentira. Por lo tanto, sé clara, franca, directa y con cierto sentido del humor. Lo que sí puede ocurrir es que analice cada una de las cosas que le dices y las cuestione con argumentos que te dejarán muda. La mente de Acuario vuela muy rápido, y más cuando siente que está perdiendo territorio. Es poco probable que te ruegue que te quedes a su lado porque en el fondo sentirá que no le resultará muy difícil remplazarte. El acuariano prefiere terminar las relaciones amistosamente, aunque sea él el abandonado.

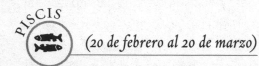 *(20 de febrero al 20 de marzo)*

A pesar de que este signo es muy intuitivo, y probablemente se dará cuenta enseguida de que lo vas a dejar, le costará mucho aceptarlo. Y aunque tus argumentos para terminar la relación sean firmes, el pisciano escuchará solo lo que quiere escuchar, y el resto lo completará con su propia imaginación, para que no le resulte tan doloroso. Explícale por qué quieres dejarlo con coherencia y, a la vez, dulzura. No te pierdas en detalles. Como es reflexivo y sentimental, será capaz de sentirse mal por el simple hecho de que tú te estás sintiendo mal al terminar con él. Pero también puede ocurrir que arme tremendo alboroto, lleno de dramatismo, y te bombardee con culpas.

El empujón más valioso

Todos los empujoncitos que te di en este libro te van a ayudar en los asuntos del corazón, bien sea que quieres encontrar pareja, anhelas mejorar la relación con tu amado o deseas acabar con alguien que no te conviene. Sin duda ahora estás lista para zambullirte exitosamente en las aguas del amor. No obstante, existe un ingrediente clave que debes poner en práctica para que todo el conocimiento que adquiriste aquí funcione. Este ingrediente es la clave de tu éxito, no solo en el amor, sino en cualquier otro aspecto de tu vida. Te advierto que de todos los empujoncitos del libro, ¡este es el más importante de memorizar!

Este ingrediente es el que me ha ayudado a lograr mis sueños y también me ha dado la fuerza para superar muchos obstáculos y enfrentar situaciones difíciles que me marcaron para siempre. Uno de los momentos más duros que he vivido me sucedió una semana antes de cumplir nueve años.

Ese día me vistieron con un trajecito blanco que tenía unos lacitos rosados. Yo no iba para una fiesta de cumpleaños, sino para el funeral de mi mamá. El día anterior, con dolor en el alma, mi padre me dio la noticia más triste que le pueden dar a una niña: "Mamita tiene cáncer desde hace tiempo y los médicos hicieron todo lo posible por salvarla, pero no pudieron ayudarla y murió. Así que ahora ella va a descansar en un profundo sueño para siempre".

En el camino a la funeraria iba con el deseo de despertar a mi madre de ese "profundo sueño". Pero por más que oré para que Dios la despertara, mis ruegos no fueron escuchados. Desde ese día sentí que una luz se apagó dentro de mí.

Luego de su muerte quedé con un vacío emocional tan grande que traté de llenarlo con dulces, panes y todo lo que me pudiera devorar. Mi ansiedad por la comida era tal que subí de peso hasta convertirme en una niña obesa de la cual todo el mundo se mofaba, incluidos mis hermanos, que me apodaron "La Refri". Según ellos, yo era tan gorda y cuadrada que parecía un refrigerador.

Para rematar mis complejos, a los 15 años tuve que enfrentar un nuevo reto. Me diagnosticaron diabetes juvenil, una enfermedad crónica que ataca a los niños y la única manera de controlarla es con tres inyecciones de insulina diarias por el resto de la vida. Para alguien que le tiene terror a las agujas, como era mi caso, esta enfermedad puede ser traumática. El cambio de alimentación tan radical y el estilo de vida que conlleva este padecimiento trasformó mi vida para siempre.

Hoy día me siento bendecida. Soy una mujer saludable, estoy en forma y me siento cien veces más segura que en aquel momento. Cuando comparto con alguien mi testimonio de vida, siempre me preguntan: "¿Cómo puedes ser tan alegre y positiva después de haber pasado por momentos tan difíciles?" Mi respuesta es el ingrediente mágico del que te hablé al principio de este empujoncito, el cual se compone de la primera sílaba de la palabra felicidad: ¡Es la FE!

Mi madre sembró en mi corazón la semilla de la fe. Y desde pequeña aprendí que independientemente del reto que enfrentes en tu vida, siempre tienes que tener la convicción de que todo va a trabajar a tu favor. Siempre que hablo de la fe, muchos piensan rápidamente en religión, y aunque es un término espiritual, mi definición no tiene que ver con ninguna secta, iglesia o congregación.

Fe significa anticipar y esperar los mejores resultados. Cuando tú anticipas y esperas lo bueno, eso mismo es lo que recibes. Por el contrario, lo opuesto a la fe es el miedo. Miedo significa, anticipar y esperar los peores resultados. Reflexiona en este momento sobre cualquier situación a la que le tengas miedo, bien sea subirte a un avión, fracasar en los negocios o que te partan el corazón. La razón por la que sientes temor es porque estás anticipando y esperando que algo malo suceda, y a quien espera lo malo, eso mismo le llega.

De ahora en adelante, ten la certeza de que Dios y el Universo están confabulados para que puedas triunfar en el amor. La fe te dará el empujón que necesitas para lograr tus sueños.

Otros títulos
de **María Marín** en

AGUILAR

Si soy tan buena ¿por qué estoy soltera?

Los siete errores que cometen las mujeres en el amor

Pide más, espera más y obtendrás más

Siete reglas para conseguir lo que deseas

Mujer sin límite

Experiencias de una mujer vencedora que transformarán tu vida